Bate-papo com o Além

© 1982 por Zibia Gasparetto

Capa: desenho mediúnico de Mizael Garbim
psicopictoriografado pelo médium Luiz A. Gasparetto
Diagramação: Priscilla Andrade

1ª edição — 13ª impressão
1.500 exemplares — dezembro 2014
Tiragem total: 121.500 exemplares

Dados Internacionais de Catalogação na Publicação (CIP)
(Câmara Brasileira do Livro, SP, Brasil)

Sampaio, Silveira (Espírito).
Bate-papo com o além / pelo espírito Silveira Sampaio
[psicografado por] Zibia Gasparetto. --
São Paulo : Centro de Estudos Vida & Consciência Editora.

ISBN 978-85-85872-02-1

1. Espiritismo 2. Obras psicografadas
I. Gasparetto, Zibia. II. Título.

08-05528   CDD-133.93

Índices para catálogo sistemático:
1. Mensagens psicografadas: Espiritismo 133.93

Todos os direitos reservados. Nenhuma parte desta edição pode ser utilizada ou reproduzida, por qualquer forma ou meio, seja ele mecânico ou eletrônico, fotocópia, gravação etc, tampouco apropriada ou estocada em sistema de banco de dados, sem a expressa autorização da editora (Lei nº 5.988, de 14/12/1973).

Este livro adota as regras do novo acordo ortográfico (2009).

Editora Vida & Consciência
Rua Agostinho Gomes, 2.312 – São Paulo – SP – Brasil
CEP 04206-001
editora@vidaeconsciencia.com.br
www.vidaeconsciencia.com.br

ZIBIA GASPARETTO

pelo Espírito Silveira Sampaio

Bate-papo com o Além

Sumário

Prefácio	9
Explicação Necessária	13
Viver!	15
Finalmente!	17
Despertar	19
Do Lado de Cá	23
O Pseudônimo	27
Videoteipe	33
Reminiscências	37
Realidade	41
Desabafo	43
Curso de Responsabilidade	45
Aprendizagem	53
Roda de Samba	57
Por quê?	63
Curiosidade	67
Inércia	71
Bate-papo	75
Amor	81
Natal	83
A Noite	87
Cinema	91
Temperatura	101
Viagem	103
A Lição	107
As Corridas	111

Volitação	117
Astrologia	123
Ontem e Hoje	131
Comunicação	135
Dúvida	145
A Epígrafe	149
O Psicoteste	153
Obsessão	159
Liberdade	165
O Canastrão	171
A Surdez	179

Prefácio

Se fosse escrever sobre Zibia Gasparetto, a médium que psicografou este e diversos outros livros, a tarefa seria bem mais fácil, pois conheço essa boa e sincera espírita que toma tão a sério o encargo que lhe foi colocado sobre os ombros. Mas o que Zibia Gasparetto quer é que eu escreva sobre o fantasma Silveira Sampaio, aquele que, antes de partir para a pátria que eventualmente será de todos nós, foi, aqui no Brasil, pediatra, jornalista, teatrólogo, radialista e escritor. O homem dos sete instrumentos. Segundo seus fãs, ele tocava todos bem. Depois que li suas crônicas, tive pena de não o ter conhecido, pois, pelo que ele agora escreve, em espírito, posso avaliar sua inteligência, seu poder de observação, seu bom coração, sua humildade e, acima de tudo, sua coragem, porquanto é preciso coragem para descrever o que aconteceu no caso do tímido professor cujo namoro foi prejudicado pelo ridículo de seus alunos — entre eles, o próprio autor. E sua sequela no mundo espiritual... É dessa espécie de coragem que todos nós necessitamos — o reconhecimento da forma como erramos e o consequente sofrimento causado a outros. Só assim não nos repetiremos. Belíssima lição!

Apesar destas crônicas conterem tantos ensinamentos, não recomendo que o livro seja lido por esse motivo, ou como irmãos nossos de outras religiões perscrutam o breviário, o livro de rezas ou a própria Bíblia. Deve ser apreciado como um saboroso prato que Silveira Sampaio temperou gostosamente com leve ironia.

Uma crônica que apreciei foi a do passeio que Silveira Sampaio Fantasma faz para este *lado de cá*, numa noite fria e chuvosa como as de São Paulo da garoa que, infelizmente, há muito desapareceu com as construções gigantescas e a ainda mais gigantesca poluição que nos inferniza. Nesse passeio, o nosso fantasma descobre que não sente frio nem calor, e aproveita para dar uma lição de bom senso aos que ainda acreditam que existem almas a se contorcer no fogo do inferno, sobrepondo esse fogo — inteira e completamente terreno — às angústias e remorsos por males cometidos, que doem muito mais do que queimaduras causadas por óleos ferventes e similares. Encaixam bem aqui suas observações sobre os ditos religiosos, pois elas nos alertam sobre o perigo de ficarmos cristalizados em ideias e conceitos ensinados e propagados pelas diferentes religiões — o céu, o inferno e o purgatório —, esquecendo-nos, ou, quem sabe, nunca aprendendo em profundidade, que o esforço individual na prática do bem é o que conduz o homem ao conhecimento da verdade que o libertará, uma estrada rica em experiências que deveríamos trilhar por sua superioridade a todas as outras.

Como já foi dito, cada crônica contém sua lição, mas, além dos ensinamentos, o que agrada é a forma como Silveira Sampaio sente o *lado de cá* (ele chama o mundo espiritual de *cá*, enquanto nós o conhecemos como o *lado de lá*). Mas a gente logo se acostuma e compreende o que ele quer dizer. O cronista deveria ter amado a vida da Terra profundamente para sentir tanta alegria quando — depois de morrer — sentiu-se tão vivo! Nós sabemos que não morremos com a morte do corpo físico, mas o *joie de vivre* — a alegria de viver — de Silveira Sampaio nos dá uma satisfação íntima quando lemos que ele não pôde se furtar à deliciosa sensação de deslizar por entre os pingos de chuva e não a sentir molhar seus pés ou ensopar seu corpo.

São tantos os contos, as narrativas e as lições que esse inteligentíssimo fantasma dá que ficaria perplexa se tivesse que escolher o de conteúdo mais proveitoso para recomendá-lo aos leitores. Um, contudo, me interessou muito, e creio que provocará a curiosidade do leitor: o que é que um recém-nascido percebe? A resposta encontra-se no livro de Silveira Sampaio. Só que o recém-nato é ele mesmo... Quando lemos essa crônica, nosso espírito se aquieta, pois nos dá a certeza que precisamos.

Por essas razões, o livro psicografado por Zibia Gasparetto merece um lugar, não na nossa estante de livros, mas na cabeceira da nossa cama. Cada página contém alguma coisa de interessante, sem falar dos conhecimentos e ensinamentos práticos que nos ajudam a trilhar o difícil caminho da vida até encontrarmos o lugar onde vivenciaremos a verdadeira Paz prometida pelo nosso Mestre.

Elsie Dubugras
São Paulo, 25 de novembro de 1980

Explicação Necessária

Foi em dezembro de 1971 que vi o espírito de Silveira Sampaio pela primeira vez. Eu havia me preparado da maneira habitual, e ao colocar-me à disposição dos espíritos para o exercício da psicografia, vi entrar em meu escritório meu amigo Lucius, trazendo pelo braço a querida figura de Silveira Sampaio.

Fui acometida de alegre emoção. Aproximaram-se, e sem nenhum preâmbulo, ele sorriu para mim e colocou-se a meu lado. Entendi que ele queria escrever. A partir de então, ele tem comparecido, sempre espontaneamente, trazendo suas crônicas, que agora estamos dando a público.

Não tive o prazer de conhecê-lo pessoalmente quando esteve na Terra e nunca tive oportunidade de assistir a nenhuma de suas famosas peças. Entretanto, tanto eu como meu esposo assistíamos ao seu programa de entrevistas pela televisão e admirávamos sua inteligência brilhante, seu carisma, sua arte.

Foi com tristeza que recebemos a notícia do seu passamento.

O tempo foi passando e não pensamos mais no assunto. Jamais evocamos seu espírito, e eu nunca pensei que ele viesse procurar-me para escrever. Até então, eu nunca houvera tido qualquer notícia de sua presença, nem através de meus amigos espirituais, nem através de outros médiuns. Por essa razão, fiquei muito surpresa com sua visita, tantos anos depois de sua morte.

Suas crônicas inesperadas e interessantes trouxeram muita alegria ao meu coração. E, se antes admirava sua inteligência, sua arte, hoje, mercê da misericórdia divina que me permitiu sentir a beleza do seu espírito, admiro sua generosidade, seu idealismo, sua bondade, sua honestidade, seus elevados princípios morais.

Quero agradecer publicamente ao querido amigo Silveira Sampaio todo o bem que tenho recebido do seu coração generoso, a paciência que tem demonstrado com minhas limitadas e pobres condições mediúnicas.

Aos leitores, desejo com sinceridade que, ao lerem estas crônicas, possam recolher toda a alegria, conforto, paz e ensinamento que eu recolhi.

Zibia Milani Gasparetto
São Paulo, julho de 1980

Viver!

Estou vivo! Parece-lhes pouco isso? Pois não é. Para mim basta, e é a coisa mais importante que pude observar por aqui. Estou vivo! Sabem vocês o que é isso? Sabem? Talvez não. Talvez nem de leve cogitem que essa realidade objetiva e forte chegará um dia, sem que a desejem. Mas estar vivo, ser, existir, sobreviver após a morte física da matéria, é a magna pergunta que com medo nos ocorre quando nos defrontamos com o mistério, para muitos indevassável, da morte.

A morte é uma ilusão! Eu estou vivo! Com minhas tristezas, com minhas vitórias e meus fracassos, com minhas alegrias e meus anseios. Sou eu. Eu existo! Eu!... Poderão compreender o que sinto? Poderão sentir como eu a delícia de viver?

As nossas lágrimas nas lápides sombrias dos cemitérios ou nosso desespero frente à perda de um ente querido, tudo temporário, porquanto todos continuamos vivos, amando, sentindo, sofrendo, aprendendo, reconstruindo.

Vocês podem encontrar assunto mais importante e mais atual do que este? Podem sequer imaginar o que seja a vida em outro plano de ação?

Pois é. Tudo isso existe. Eu estou vivo. Vivo e alegre, agradecendo profundamente à sabedoria imensa e à profunda bondade de Deus.

Vocês não pensam como eu?

Abraços do amigo,

Silveira Sampaio

Finalmente!

É voz corrente na Terra que quando o micróbio do microfone, do teatro ou da pena nos envolve, nunca mais conseguimos nos livrar de sua presença absorvente e fascinante. É uma verdade. Nada tem me incomodado mais do que verificar que, se com meu corpo de carne abandonado e transformado pela química voraz e eficiente da natureza levei de vencida todas as bactérias e viroses de que era portador, não consegui ainda libertar-me desse microbiozinho excitante e imprevisível que aguça o repórter às acrobacias de sua arte.

Há muito venho desejando relacionar-me com o leitor, principalmente agora, de posse de tantos "furos" que poderiam sacudir a moleza e a estrutura de qualquer caçador de notícias. Finalmente! Finalmente eu consegui!

Não são artigos fortes, pintando em cores dramáticas o que vi por aqui, mas é o momento esperado com ansiedade e alegria, de reencontro com o público que eu amo e para o qual desejo mostrar e dizer as coisas que vi. É um jornal espírita. Sim, é. Onde mais um fantasma como eu poderia escrever?

Aos amigos que estranharem essas despretensiosas crônicas, devo dizer que cada um sabe onde lhe apertam os sapatos.

Na Terra, ainda se pode fechar os olhos para não ver as coisas do espírito. Aliás, por mais barulho que elas façam, não conseguem desviar os homens do ruído do mundo material.

Mas aqui, é a tônica da NOSSA realidade. EU SOU UM ESPÍRITO!

Parece isso um despropósito? Mas não é. Sou eu mesmo. Quase igual ao que era na Terra, redescobrindo uma dinâmica nova, encontrando a chave para muitos dos enigmas que nos perseguem a vida inteira no mundo. Como não mudar? Como não contar? Se o micróbio continua mexendo comigo, apesar da censura que há por aqui?

Contarei sim. Finalmente, estou escrevendo novamente para os meus amigos. Poderá haver alegria maior?

Despertar

Apesar de ter levado certo tempo para entender o que aquele enfermeiro meio maluco tentava explicar-me, consegui, após ter-me esforçado ao máximo, compreender: tudo o que ele me dizia era verdade e ele era mais sóbrio e equilibrado do que eu mesmo. A verdade era uma só. Meu corpo de carne me abandonara, ou melhor, eu fora forçado a deixá-lo definitivamente. Sempre procurei adaptar-me a todas as circunstâncias com estoicismo, e por isso, tão logo entendi essa verdade, tratei de arrumar as ideias, um tanto desarticuladas, no cérebro.

Afinal, o choque é intraduzível! Ao mesmo tempo, parecia-me de certa forma incrível a situação, porquanto olhava-me e achava-me com as mesmas disposições anatômicas de sempre. Apalpava-me e sentia a rigidez carnal. Portava roupas habituais, réplica das que comprara no mundo. Difícil entender, mas ao meu redor as paisagens mudaram, as pessoas mudaram.

Num rasgo de curiosidade, pensei: teria eu sido arrebatado por um disco voador e estaria em algum planeta diferente? Em Marte, talvez? Essa ideia me seduziu, e cheguei a pensar nas reportagens que faria quando voltasse à Terra. Como seria esse mundo estranho? Seria mais adiantado do que a Terra?

Mas, novamente o enfermeiro a dizer-me que estávamos nas proximidades da Terra mesmo, separados apenas por uma cortina vibratória. Teimava com incrível seriedade que eu era apenas um fantasma inconformado.

Custou-me um pouco, mas, quando finalmente entendi, após exaustivas e reiteradas explicações, comecei a pensar nas vantagens do meu novo estado.

Claro que sou eu mesmo. A mesma curiosidade, o mesmo repórter. Foi grande minha emoção quando consegui atravessar uma parede em uma casa terrestre, sem que me fosse obstáculo. Pensei nas vezes em que procurara pessoas importantes para reportagens diversas e apenas encontrara uma porta que não se abrira. Se fosse hoje, que reportagens faria!

Porém, soube logo que por aqui havia terrível censura. Nada se podia transmitir para os homens da Terra sem autorização dos chefes espirituais.

Protestei. Sempre combati a censura de pensamento. A ideia é livre, pensava. Mas fui convidado a reconsiderar, porquanto, levado ao encontro de outros repórteres como eu, hauri experiências proveitosas no campo da responsabilidade. Entendi, por exemplo, que quando transmitimos ideias, arcamos com as consequências de todos os atos que elas gerarem nos outros.

Vi grandes sofrimentos de quantos falaram o que não deviam, inspirando revoltas, ódios e dissensões. Assim, calei meu inconformismo, porquanto renascer no mundo em estado de sofrimento não é meu desejo para o futuro.

Entretanto, diante dos bons propósitos que demonstrei e de minha incurável condição de repórter, foi-me concedida oportunidade de realizar meu trabalho no campo da informação para os homens, desde que o faça com responsabilidade.

Não me contive. Lembrei-me dos personagens históricos, dos cientistas que partiram, dos políticos, enfim, senti-me eufórico.

Que material! Que trabalho!

Com a ajuda de Deus e dos amigos, preparei-me para começar. Esta vida é uma delícia! Sem barreiras, livre, leve e lépido. Como Deus é bom! Poderá haver felicidade maior?

Do Lado de Cá

Por entre pingos de chuva eu caminhava lépido e saltitante, qual moleque traquina aproveitando a aragem fresca da chuva que, caudalosa, lavava o chão poeirento da avenida. Apesar de não poder, deu-me vontade de tirar os sapatos e caminhar gostosamente pela enxurrada, como nos bons tempos da minha infância. Mas se agora a situação é diversa e não me permite esse prazer, não me posso furtar à sensação engraçada de deslizar por entre a chuva sem senti-la molhar-me os pés ou ensopar-me o corpo. É curioso, ela agora não me molesta. Vantagem do mundo onde vivo sem os meus oitenta quilos de carne, sem a pressão atmosférica, muito embora as pressões existam por aqui e sejam outras.

É engraçado passar pelo vento sem que ele nos afete, pelo inverno sem sentir frio. Assusta-nos um pouco perceber que as grossas e concretadas paredes do nosso mundo terreno não passam de cortina gaseificada que podemos atravessar normalmente.

Sinto vontade de cantar, de sorrir. A vida por aqui se desdobra em múltiplas facetas, em singulares encantos que gostaria de poder narrar.

Tenho a sensação de que ainda sou o repórter, e que esta viagem fantástica vai acabar a qualquer hora e eu acordarei pesaroso e estupidificado no quarto branco do hospital, com soros e sondas a escarafunchar-me o corpo.

Tenho vontade de contar tudo, mas alguém acreditará? Não sei; em todo caso, sempre se poderá tentar. Quanto mais que é verdade que vir para cá é o destino de todos. Pelo que sei aqui, nem todos poderão usufruir de pronto os benefícios da nova situação.

Pelo que pude pesquisar, os religiosos são os que dão voltas até descobrirem a verdade. A princípio, estranhei. Afinal, era justo que estivessem em melhor situação os que se dedicaram à religião. Depois, compreendi. Os frequentadores dos templos, os habituais das sacristias, os acompanhadores de procissão, os que para cultuarem a Deus estabelecem normas e condições, de tal maneira se inserem nelas que demoram muito a acordar para a vida real.

Para o católico romano, que desde o catecismo concebe a ideia do paraíso, do inferno e do purgatório, das graças celestes e do sangue do Cristo lavando pecados, é difícil entender o mundo real e simples onde passamos a gravitar. Ao protestante, que se prende à letra da Bíblia, que cultua Deus valorizando o poder de Satanás, é difícil enxergar que todos temos ainda algo de santos, mas muito de demônios. Essas são as religiões dominantes em nossa Terra, sem falar dos que circulam pelos terreiros afro-católicos a pretender capitalizar os vícios de irmãos desencarnados em proveito próprio e acabam por compreender que aqui, o esforço individual é o único meio de se melhorar e ser feliz.

É uma delícia caminhar pela chuva. Será que alguém vai me acreditar? Principalmente quando vejo que muitos redivivos como eu, procuram abrigar-se dela, num reflexo humano e terreno. Sei que isso não deve molestar-me. Aliás, pelo muito que ironizei certos fatos sobrenaturais quando estava na carne, é justíssimo que sinta a mesma coisa; mas é esquisito, não posso fugir a essa preocupação.

Quando me certifiquei de que podia continuar daqui a escrever para o mundo que tanto amo, senti enorme alegria. Avisado das dificuldades, dispus-me a enfrentá--las com disposição e otimismo, mas os resquícios da vaidade literária têm tanta força que, embora eu saiba que a causa agora não é mais o meu ponto de vista humano e pessoal, e sim o progresso e bem-estar da humanidade, a conquista do Evangelho na Terra, por ora ainda não me posso furtar ao personalismo.

Algumas vezes fui contido quando pretendia obrigar alguns amigos meus que se demoram na Terra a tomar conhecimento da nossa existência. Que fazer?

Faz-me cócegas saber tudo isso, ver tudo isso, sentir tudo isso e não poder provar, mostrar, dizer!

Se vocês fossem por detrás da Cortina de Ferro, no tempo em que ela era de ferro mesmo, e saindo de lá não pudessem contar o que viram, como se sentiriam? Assim estou eu, com a diferença de que eu posso contar, mas poucos acreditarão.

Mas, podem crer, andar por entre as gotas de chuva sem se molhar é uma delícia.

O Pseudônimo

Pensando nas dificuldades burocráticas do mundo, onde a sociedade para se defender dos seus componentes, instituiu infindáveis normas disciplinares, algumas catalogadas como "etiqueta" ou "costumes", outras como leis civis, mas todas mutáveis dentro do contexto formal da civilização, percebemos a série de problemas que poderiam surgir com a publicação na Terra, sem o competente alvará das instituições humanas, dos escritos que grafamos.

Fantasma não é catalogado na sociedade organizada.

Como aquele jovem nordestino que, sem ter seu registro de nascimento por omissão dos pais, com quinze anos de idade, já na cidade, procurou regularizar sua situação perante a lei e constatou que era difícil provar que existia, simplesmente porque não possuía papel devidamente legalizado que provasse isso.

Nós, os redivivos, estamos nesse caso. Difícil, não é?

Confesso que as coisas estão nesse pé não por omissão nossa, porquanto desde que o mundo é mundo, a nossa categoria de classe tem se esforçado para registrar-se devidamente nos livros documentados da Terra. Mas tem sido inútil.

Como não temos papel com firma reconhecida nos cartórios terrenos provando que, depois do óbito do corpo de carne, continuamos a viver, não tem adiantado muito o esforço dos nossos colegas, em vencendo todas as barreiras da matéria densa, de materializarem-se no mundo, mostrando-se aos cientistas, às pessoas interessadas e aos estudiosos do assunto.

Vocês já imaginaram o que é preciso para um fantasma se materializar, para que possa ser tocado, apalpado pelos terráqueos? Será que acreditariam se eu lhes contasse?

É que, quando na Terra, pensamos que no mundo dos redivivos tudo acontece como num passe de mágica. Pensamos e aparece. Mentalizamos e criamos. É verdade que podemos materializar e dar formas aos nossos pensamentos, mas não pensem que tudo seja fácil e simples assim. Nossos sábios estudam ininterruptamente, e há os especialistas em comunicação extra e infraterrena pesquisando o assunto.

Mas os homens não aceitam as nossas reivindicações. Decididamente não querem nos registrar legalmente, e por isso, diante dos tribunais da Terra, nós não temos firma reconhecida.

Há uma certa tolerância para os que já fizeram o óbito do seu corpo há mais de cem anos, mas infelizmente não acontece o mesmo com os demais, principalmente com aqueles de passamento mais recente.

Naturalmente, é um direito deles regulamentar leis contando o tempo à moda do mundo, onde a faixa etária e os anos de serviço contam pontos na aposentadoria e na regalias da lei.

O que fazer? Assinar o nome é um direito que temos e que foi devidamente sancionado com firma reconhecida e tudo nos cartórios do mundo; mas, morto o corpo, verificamos que o nome que usamos durante tanto tempo, que lutamos por tornar digno e conservar honrado, não era nosso, e sim do corpo reconhecidamente morto, e a certidão de óbito nos cassa o direito de utilizá-lo perante as leis.

Já pensaram que ingratidão? Como ficamos nós? Cassados, sem nome e sem identidade? Não acham uma grande injustiça?

Mas é verdade. Nossa classe vem lutando e temos tido muitas assembleias para discutir os problemas e reclamar nossos direitos. Temos usado vários recursos. Trabalhar legisladores, cientistas, escritores e até médiuns. Aparecer a eles, falar-lhes em sonhos, ajudá-los nas dificuldades, protegê-los dos perigos, tudo na esperança de que, reconhecendo a nossa existência, inscrevam-nos legalmente em seus registros para que possamos ter garantias de trabalho. Mas tem sido difícil. Sabem por quê? Porque a maioria, mesmo tendo a certeza da nossa existência, provada arduamente e com esforço, não se sente encorajada a assumir o que sabe e vencer o preconceito convencionado.

Assim, aqui estou eu. Não consigo concordar. Por que não assumir? Por que usar pseudônimo?

Há os que procuram me explicar dizendo que os homens querem nos proteger, a fim de que pessoas sem escrúpulos não falsifiquem nossos escritos e se aproveitem da nossa "fama". Será mesmo que eles pensam assim? Será que não têm condição de reconhecer a essência, a maneira de ser, a personalidade do signatário? Será que, se a firma não estiver reconhecida no cartório, o pobre escritor, o jornalista, o poeta cassado pelo óbito não podem mais se expressar?

Conheci na Terra falsificadores de assinaturas tão hábeis que a própria perícia especializada teve dificuldades em distinguir. Por outro lado, consegui ver cheques meus não aceitos por ter assinado com displicência e modificado distraidamente seus caracteres habituais.

Isso prova alguma coisa? Prova. Prova que a vida de fantasma não é tão simples como muitos pensam. Um pseudônimo não é fácil. A mim me dá a sensação de culpa, de ter que esconder algo, o que é muito desagradável. E depois, como fazer isso? Qual escolher?

Um ilustre companheiro nosso, cassado e pressionado, protestando inutilmente, querendo lutar, mas cedendo frente à chantagem da pressão em seu representante, o médium, inventou o nome de Irmão X, aliás muito bem posicionado em nossa literatura. Mas eu, qual usaria? O "Irmão S", além de dar na vista, não tem aquele *sex-appeal* necessário. O SS que eu já usei na Terra, além de ser agora de posse de conhecido apresentador de TV, também era a sigla dos assalariados de Hitler, de triste memória.

O que eu poderia fazer? O irmão J.S.S.? Que tal?... Não... Acho que não vai dar. Que me perdoem os códigos civis, os juízes, os amigos e os familiares, mas não penso em abdicar do meu direito de ser eu mesmo, apesar de cassado oficialmente.

Afinal, não acham que é um direito meu? Será que, lendo o que eu escrevo, não vão me reconhecer? Estarei assim tão pouco lembrado?

Isso me deixa meio triste. Afinal, sempre fomos amigos. Será que não estou conseguindo me comunicar? Será a essência menos importante do que a convenção?

Eu recorro a vocês. Se encontrarem solução, avisem-me. Porque sinto-me muito bem como sou e gosto muito da minha profissão. Por que não poderia continuar? E se algum de vocês tiver prestígio na organização dos estatutos e registros da Terra, ajude-nos a obter a legalização da nossa classe, com todos os benefícios da lei, referentes aos nossos serviços prestados e direitos naturais. Se vocês assumirem, vai haver muito barulho, muita reação dos conservadores, mas eu afianço que todos nós, cujo número não posso precisar porque se contam aos milhares, estaremos ajudando vocês. Combinado?

Videoteipe

Acredite quem puder, mas a verdade excede ao imaginativo, ou à imaginação. Mergulhado em um mundo supercolorido, cheio de sutilidades e energias diversificadas, a princípio cheguei a pensar que minha cabeça não estivesse funcionando bem. Que meus olhos estivessem com alguma doença não identificada, que modificasse a estrutura do mundo que me rodeia.

Por outro lado, reconheço a mesma carcaça decantada, adornada, que por força do hábito aprendi a suportar no mundo, chegando a achá-la bonita. No coração, os mesmos sentimentos, as mesmas modificações, os mesmos afetos, as mesmas fraquezas.

É difícil conciliar o maravilhoso, o espantoso mundo onde estou agora, com a Terra que, apesar de muito amada e sempre abandonada tão a contragosto, parece-me agora cinzenta e triste, envolta em nuvens escuras que se adensam mais nas metrópoles.

É flagrante contraste, seu casario sombrio e escuro, o povo que caminha agitado pelas ruas, carantonhas assoberbadas por múltiplos problemas, preocupado e apressado. Aqui tudo é cor, movimento, suavidade. Tanta suavidade que, por vezes, minha irreverência se choca.

Viciado por hábitos ainda muito terrenos, não aprendi a calar quando é preciso e algumas vezes, esqueço-me da agudeza da sensibilidade, onde o pensamento emite som, onde os impulsos mais rapidamente se transformam em ação, onde, desembaraçados da matéria mais densa, podemos caminhar nas asas do pensamento (sem ser em sentido figurado).

Pensamos e viajamos para os lugares, e o que me intriga mais é a caminhada no tempo. Sei que vocês vão duvidar, mas por aqui isso já é possível.

Na Terra, alguns cientistas remanescentes dessas paragens pretendem aplicar na matéria o que faziam no mundo extrafísico, sem contudo conseguirem transpor os limites do permitido por Deus.

Quanto a mim, testemunha ocular das mais extraordinárias façanhas, delicio-me com as conquistas do nosso progresso.

Posso voltar no tempo, porque o VT por aqui é caso comum, muito embora seja necessário permissão para assistir a ele, e nem tudo o que se quer pode ser visto. Mas tudo está devidamente registrado nesses fabulosos arquivos etéreos. As grandes guerras, os grandes acontecimentos históricos, políticos, artísticos. Posso dizer que, se minha curiosidade foi satisfeita em muitos aspectos, em outros a realidade foi decepcionante.

O tempo modifica os acontecimentos, tecendo novelas aos caprichos dos homens, deturpando fatos, ignorando lutas redentoras de luminosos seareiros de Deus na Terra.

Ah! É surpreendente assistir a acontecimentos passados! Se eu pudesse levar essas projeções até a televisão da Terra, que programas teríamos! Faraós, imperadores, rainhas, piratas, artistas, filósofos, santos, comemorações! Já pensaram o sucesso?

Júlio César em pessoa no seu palácio! Ou então: Cleópatra! Rodolfo Valentino, Marilyn Monroe, Carmem Miranda!

Já pensaram nas manchetes dos jornais? "Hoje à noite, em sessão especial, no palácio de Herodes, o julgamento de Cristo"!

Talvez possamos fazer isso no futuro, quando Deus permitir. Apesar do rigor histórico, da veracidade do texto, no original, haveria muitos que não gostariam da novidade.

A princípio, duvidariam. Herodes não era aquela figura hollywoodiana que todos se habituaram a ver. O palácio não tinha a suntuosidade dos filmes de De Mille. No fim, haveria sempre o crítico que comentaria a precariedade do cenário, o idioma ininteligível ou a má qualidade dos atores.

Por outro lado, se trouxéssemos Rodolfo Valentino, certamente ele não agradaria mais à exigente moda de hoje, onde os padrões de beleza são muito diversos da época. A própria Cleópatra não era nem um pouco parecida com a Elizabeth Taylor.

No fim, seriam tantos os problemas, tanta polêmica, tanta discussão, que eu, certamente decepcionado e aflito, precisaria recolher-me a algum local isolado para fugir à avalanche dos pensamentos negativos contrariados que vibrariam sobre minha cabeça.

Talvez seja por isso que, ao saber que alguns já falavam aos gravadores de som terreno, pensei, tomado de entusiasmo incontrolável, nas possibilidades reais de levar à televisão aquilo a que podemos assistir aqui, e não pude passar pela censura. Ainda não podemos fazer essas projeções. Entretanto, apesar da tristeza que sinto por isso, não posso deixar de reconhecer as dificuldades de tal empreendimento. Acho mesmo que a humanidade não está ainda preparada para ver a verdade total, ver os fatos como eles aconteceram.

Confesso que, mesmo para mim, na reformulação de conceitos em que me empenho, esbarro constantemente na estupefação e na dificuldade em aceitar fatos a que, na Terra, tinha me habituado a colocar de lado, mas que agora sou forçado a constatar.

Alguma coisa, no entanto, quero fazer. Sinto-me imbuído do desejo ardente de estabelecer um traço com meus irmãos terrenos. Quantas coisas a dizer! Quantas notícias a dar! Quantos enganos a vencer!

Em tempo, devo dizer que, se pude mergulhar no tempo passado, ainda não me deixaram ver o futuro. Talvez achem que dará muitas voltas a minha cabeça. O passado já é dose alta, mas o futuro...

Já pensaram se eu pudesse falar ou mostrar o futuro? É, acho que não teria mais paz, acabaria me perturbando ainda mais do que estou por não saber calar e querer analisar e esmiuçar à minha moda tudo quanto me rodeia!

Ah! Mas já pensaram como seria fabuloso?

Reminiscências

Quem pode afirmar o que é a verdade? Quem poderá dizer até que ponto ela se distende ao nosso entendimento? Jesus calou-se quando instado à resposta, e hoje, eu, que procuro dimensioná-la à estreiteza dos nossos conceitos humanos, começo a percebê-la infinitamente composta de múltiplas partículas, que cada um assimila gradualmente.

Tudo quanto tenho aprendido ultimamente, tudo quanto tenho visto por aqui no mundo chamado dos espíritos (jamais pensei em escrever como fantasma) tem modificado meus conceitos, e minha compreensão se distende por horizontes que, inexplorados por muitos, agora descubro deslumbrado.

É difícil conceituar as leis do nosso mundo dos fantasmas com a parcela oficiosa ou oficial das verdades humanas no que tange aos esclarecimentos que tenho recebido, por aqui, de figuras capacitadas.

Dizem que eu já tinha esse conhecimento antes de ter reencarnado na Terra, apenas preciso de tempo para lembrar-me das existências passadas. Já pensaram que divertido seria podermos excursionar por essas vidas recordando passagens pitorescas e diferentes?

Vermo-nos na era primária qual trogloditas embrutecidos, carregando os bastões da caça ou arrastando nossas mulheres pelos cabelos? Ou então, desfrutar da corte francesa qual almofadinha embonecado, dançando minuetos e alçando delicadas donzelas pelas mãozinhas pálidas? Ou ainda, participarmos dos lautos banquetes do palácio de César e podermos apreciar as suntuosas festividades e as requintadas reuniões do senado?

Fiquei tão eufórico com a tese da reencarnação que, de imediato, procurei conseguir pelo menos levantar uma nesga do véu que cobre meu passado. Curiosidade, emoção, molecagem. Não sei bem, mas confesso que a essa simples possibilidade senti-me possuído de enorme veemência.

Sim. Perscrutaria e escreveria à Terra uma autobiografia, relatando os fatos pitorescos de minhas viagens através da reencarnação. Quantas aventuras, quantos fatos históricos presenciados! Se nos reencarnamos mais de mil vezes, que material para escrever! Ninguém jamais pôde fazer isso.

Porém, no auge do meu entusiasmo, fui acometido de sérios problemas, e procurando auxílio no conselho amoroso dos amigos maiores, novamente fui barrado pela censura.

Não adianta, amigos. Escrever para a Terra não é fácil. A censura firme e alerta é dura. Mas, passado o primeiro impulso de decepção, acabei concordando com eles. A censura, quando efetuada com critério, começo a admitir, é válida.

Imbuído da vontade de ser original, não pensei nas confusões que terei aprontado por essas vidas todas, na inexperiência e na curiosidade com que ainda hoje me envolvo. Nem é bom pensar!

Na verdade, eu pensei, e para que minha teimosia fosse vencida, cheguei a vislumbrar pequenos acontecimentos, retalhos de outras vidas que vivi. Melhor não ter visto. Desisti logo do resto. Melhor mesmo é esquecer, não contar nada a ninguém do que já passei. Botar uma pedra no assunto e buscar para minhas reportagens outros personagens mais interessantes do que eu...

Afinal, quem teria interesse em ler minha biografia a não ser eu?

A verdade, amigos, para alegria minha, é relativa, e pela imensa bondade de Deus, é fracionada de acordo com nossa capacidade para recebê-la.

Já pensaram como seria bom relatar minhas vidas passadas se eu tivesse sido alguém muito útil ou muito bom? Mas como a verdade não condiz com o sonho, é melhor esquecer.

Afinal, por que perder tempo comigo mesmo?

Realidade

Às vezes fico pensando nas minhas andanças pela Terra, e na rememoração saudosa vem-me à mente a profunda ignorância que demonstrava naqueles tempos. Estudar, até que estudei. Por mestres e familiares fui considerado inteligente, embora essa particularidade não me obrigasse a queimar as pestanas sobre os compêndios. Consegui doutorar-me, o que na Terra representa o conhecimento de grau maior. Por isso habituei-me a olhar-me agradavelmente dotado de uma experiência que a perspicácia e a vivacidade iludiam, como se eu fosse o resultado de magnífica combinação de super-homem, aos quais os outros homens pedem conselho, as mulheres admiram e os jovens invejam. Ridículo, não? Peja-me agora confessá-lo, mas eu era assim na intimidade. Não que tivesse consciência disso, julgava-me equilibrado. Mais de uma vez abalei-me a julgar, a criticar, e do alto da minha capacidade, até à intolerância cheguei.

Entretanto, a deusa da verdade procurou-me na figura da morte e descerrou-me um mundo infinitamente maior, cujas dimensões não consigo sequer imaginar.

Então, eu, que acreditava ter alcançado um nível superior de cultura e intelectualidade, fui obrigado a reconhecer minha insuficiência e infantilidade. De adulto, de conselheiro, de um padrão de conceito restrito e limitado onde o tédio por vezes rondava, passei a calouro inseguro e burro, desejando ingressar na faculdade do conhecimento espiritual, sentindo-me ao mesmo tempo temeroso dos trotes e das armadilhas que, em minha invigilância, eu mesmo urdira.

A sensação é dolorosa. A princípio, o chão se desmorona aos nossos pés. A insegurança, a tristeza. Depois, o novo, o inesperado, o desconhecido, o incomensurável constituindo-se em estímulo e em atração permanente.

Já pensaram que beleza? Pensei estar no fim e encontro o começo. Pensei saber tudo, resta tudo para aprender.

Não posso deixar de reconhecer que desfruto de certos privilégios. Alguns amigos, e felizmente tenho-os muitos, interessaram-se por mim, e agora posso ter acesso à presença de bondosos companheiros que na Terra me pareciam distantes, embora os admirasse.

Se eu dissesse, por exemplo, que estive com Humberto de Campos — em carne e osso não posso dizer, mas em corpo e presença espiritual — e que pude trocar ideias com ele, acreditariam?

Pois é verdade. Estive com Gonçalves Dias, com Rui Barbosa (e aí vai um "furo"), que cogitava de próxima reencarnação a serviço de Jesus.

Sinto-me pobre de recursos, mas rico de alegrias pelo convívio de amigos delicados. E agora, vai um recado para quem aprecia: tenho estado com alguns artistas de cinema, e no futuro espero escrever algumas entrevistas com eles. E, pasmem, muitos deles vão reencarnar brevemente. Mas não dou detalhes agora. Guardem a curiosidade e esperem.

Pode haver maior felicidade do que a minha? Pode haver forma mais fascinante de viver?

Sei que não me invejam por estar morto na Terra. Muitos ainda temem a morte, mas aposto que, esquecendo essa particularidade, quem não gostaria de estar em meu lugar?

Desabafo

Em que pairem as dúvidas sobre a sobrevivência da alma após a morte, ninguém em sã consciência pode negar-se a enfrentá-la um dia, quando menos espere, ou, quem sabe, nas difíceis anunciações da agonia e da moléstia lenta.

Na verdade, todos somos, de certa maneira, como Tomé, e precisamos ver para crer, sentir para testar.

Essa dificuldade nos tem trazido a desilusão, e a revelação inesperada da realidade é o nosso consolo quando, como pobres fantasmas endividados, peregrinamos pelos vales terrenos, tentando consertar os erros e as bobagens que fizemos quando estávamos na Terra.

Que fazer? Alegria nossa, tristeza de outros. Terei me expressado bem?

Nada mais terrível do que dispor de excelente material de trabalho, de disposição e de tempo, de licença e tudo o mais e topar com a barreira intransponível do elemento de ligação, da tomada sem corrente que está a ponto de um curto-circuito pelo acúmulo de energia mas que não pode receber o plug para que a ligação se estabeleça.

Paciência e esforço. Mudar de aparelho? Na Terra, quando o nosso rádio, nossa vitrola ou nosso televisor pifava e se negava a trabalhar, comprávamos outro. Aqui tudo é diferente. Você quer um aparelho? Prepare um.

Dão-nos o que merecemos e precisamos e com o que teremos chance de acertar e nos dizem: mãos à obra.

Eduque-o na sua sintonia. Ajude-o a sentir sua faixa mental. Ligue-se com ele.

Aí começa nossa odisseia. Não que eu me queixe. Longe disso, pois muitas coisas aprendi durante o tempo que me propus a comunicar-me com os homens. Como médico, observei vários fenômenos. Como artista, facetas sublimes de beleza. Mas, e o trabalho? Para que nos preparamos se não conseguimos fazê-lo?

Um dia você conseguirá, dizem-me os amigos mais experientes. Mas, vejam bem, eu desejo fazer muito e depressa! Tudo hoje corre celeremente, por que devemos parar?

É por isso, diante das dúvidas e das dificuldades do intercâmbio mediúnico, que nos conforta saber que um dia, eles, nossos médiuns, estarão desencarnados como nós — e já pensaram como vão penar?

Um dia é da caça e o outro do caçador. Mas isso não quer dizer nada, o que eu quero mesmo é trabalhar.

Será que vou conseguir?

Curso de Responsabilidade

Nas pegadas do meu mestre, andei sorrateiro em busca de alguma falha. Moleque matreiro e indisciplinado, era sempre surpreendido por ele em travessuras e chamado à ordem diante de todos, o que pouco se me dava, mas colocado de castigo, o que era aborrecido porquanto os amigos faziam caçoada, e por fim o clássico bilhete aos pais, que eu era obrigado a levar para trazer assinado, a supressão do dinheiro da matinê domingueira ou do sorvete.

No colégio eu era temido pelos mestres, não só pelo meu comportamento distraído, irrequieto e às vezes inconveniente, contando piadinhas em voz baixa, pondo apelidos bem achados que pegavam nos professores e nos colegas, mexendo com as enjoadas meninas no recreio (minha classe era masculina, infelizmente), mas também porque, quando eu cismava com um professor ou professora, acabava sempre descobrindo ardilosamente seus pontos fracos e tirando proveito deles, fazendo chantagem emocional ou tornando-os notórios para os outros alunos.

Eu empreendia verdadeiras investigações nos hábitos, na vida particular dos mestres que me incomodavam, e buscava desacreditá-los.

E, para infelicidade deles — e hoje penso que também minha, porque, a julgar pelo que estou aprendendo aqui, talvez algum dia eu reencarne na Terra para resgatar essas penas, no corpo de um professor de meninos endiabrados como eu —, devo dizer que possuía talento verdadeiramente diabólico. Tinha até alguns companheiros, os quais liderava, que me auxiliavam a troco de proteção ou de pedações do lanche sempre muito farto que minha babá aprontava sob as vistas vigilantes de minha mãe, zelosa das minhas necessidades proteicas.

Certa feita, era o professor de História Natural, homem duro e sério, que me incomodava. É que ele parecia possuir um sexto sentido que não deixava ilesa nenhuma das minhas travessuras, cortando-as rigorosamente, justiçando-me todas as vezes. Assim não podia continuar. Precisava tirar uma desforra.

Tornei-me, sem que ele o notasse, um estudioso da sua personalidade. Conhecia-a a tal ponto que podia imitar-lhe a maneira de falar, os tiques e as palavras usuais. Mas isso não me bastava. O "Chicória", como eu o apelidara, pelo xarope do mesmo nome que costumavam me fazer tomar para dor de barriga, precisava de uma lição.

Como sombra, esperei a saída das aulas e o segui cautelosamente. Tomei o bonde sem que me visse e saltei um ponto depois, observando a casa modesta de subúrbio na qual ele entrara. Passei em frente, nada de mais: alpendre, uma porta, uma janela. Na frente, jardim irregular, mas tratado. Nada que me pudesse interessar. Mas não parou aí a aventura; continuou.

Passei a vigiar a casa do professor sempre que podia, até aos domingos, e pude saber que levava vida metódica e reservada. Ia à missa das oito e — coisa que me causou euforia — acompanhava uma moça de longe, trocando olhares com ela. Senti despertar minha curiosidade. Por que ele era tão tímido? Não era jovem (para meus treze anos, os vinte e oito do professor eram pesados); se gostava da moça, por que não falava com ela de uma vez? Voltando alguns domingos, pude perceber que essa cena se repetia todas as semanas sem que conversassem. Ele a seguia de longe até que ela, de volta da missa, entrasse em casa e, depois de lançar à sua porta lânguidos olhares, ia até a padaria, comprava pão, cerveja gelada e encaminhava-se de volta à casa.

Era pouco, em verdade, mas era alguma coisa. Tracei planos, e com a ajuda de um companheiro, escrevi em estilo muito "Chicória" um bilhete amoroso declarando amor a ela. Escrevi outro dela para ele também muito persuasivo, igual ao que lera no "Manual de Cartas de Amor", que roubara numa banca de jornais com vergonha de adquirir um. Assinei o nome dela, que eu tivera o cuidado de investigar. Nos dois bilhetes marquei um encontro domingo à tarde, no jardim das proximidades.

Eu e um amigo, que não era conhecido do professor, fomos à missa das oito. Eu entreguei o bilhete a ela dizendo que "aquele moço tinha mandado", e meu companheiro entregou a ele o outro bilhete como se ela tivesse mandado.

Divertimo-nos muito porque os dois, surpresos e corados, apertaram os bilhetes nas mãos, mas nem se olharam. Na saída, cada um disfarçou e seguiu seu caminho.

Exultei. A coisa ia pegar. Ia ser engraçado a classe assistir ao encontro dos dois no jardim. Reuni a turma e, uma hora antes da que eu marcara, fomos uns doze meninos, todos antegozando o vexame do Chicória;

escondemo-nos atrás da sebe de azáleas que rodeava os bancos. Dividimo-nos, pois não sabíamos em qual iam sentar-se os pombinhos. Só queríamos algazarra, envergonhando o professor, cantando a musiquinha com o apelido ultrajante que compuséramos.

Pouco antes da hora, surgiu ele. Proibi o ruído ameaçando os irrequietos com uma sova. Depois, de coração batendo, boca seca, esperamos que a moça chegasse. Ele nos parecia nervoso e olhava o relógio amiudamente, arrumava o vinco impecável das calças. Por fim ela veio. Encabulada, indecisa. Ele remexeu-se, nervoso. Finalmente um frente ao outro.

— Você veio — disse ele, comovido.

— Sim — balbuciou ela, corada.

— Quando recebi o bilhete — disse o professor, — quase não acreditei!

— Como?! — estranhou ela. — Que bilhete?

— O seu, para vir até aqui.

— Eu também recebi o seu bilhete... — fez ela meio zangada, tirando do bolso o papel tão meu conhecido.

— Meu bilhete? — estranhou ele, corado. — Não compreendo.

Nós a custo conseguíamos conter o riso.

— Senhorita — fez ele empertigado, já em tom cerimonioso —, eu nunca escrevi esse bilhete! — Com gesto rápido, tirou da calça o outro bilhete e o exibiu triunfante. Sim, porque o nosso professor era amante caloroso da verdade, e por ela eu recebera prontos e penosos castigos.

Ela, com a mão trêmula, tomou o bilhete e protestou em tom veemente:

— Senhor, eu nunca escrevi nem escreveria este bilhete. Isto é uma farsa...

E começou entre eles animada discussão, como se se tratasse de um caso de vida ou morte.

De repente, ela disse, vermelha de raiva:

— Pois o senhor não passa de um conquistador barato e pretensioso que, não tendo coragem de arranjar namorada, usou dessa artimanha para me colocar nessa situação ridícula. Não quero vê-lo nunca mais!

Então, dei o sinal. Aparecemos diante do professor rindo de sua cara enrubescida, do seu terror vendo-nos aparecer em hora tão imprópria e, antes que tivessem tempo de voltar a si da surpresa, começamos a entoar a nossa música grosseira e satírica, revelando o apelido torpe e jocoso.

Ele não se conteve: suspeitando da nossa participação no incidente e bramindo de raiva, bradou, colérico:

— Vocês, seus moleques malcriados! Vou dar-lhes uma boa sova, vocês me pagam!

A moça afastou-se quase a correr, enquanto nós, pressentindo as intenções furiosas do professor, demos pernas-pra-que-te-quero, espalhando-nos, e ele, em sua fúria, não nos conseguiu alcançar.

Fomos a rolar de rir na porta de minha casa, imitando a cena presenciada e representando-a com alegria. Só falamos nisso naquela noite.

No dia imediato aparecemos para a aula sérios e bem-comportados. Colocamos o nome dela na lousa em letras bem graúdas. Quando ele entrou, pelo olhar dos alunos percebeu que todos já sabiam da cena desagradável do dia anterior. Apesar de fazer-se de desentendido, nós não o poupamos. Todos os dias, tínhamos uma forma de ridicularizá-lo indiretamente, colocando versinhos em sua mesa, relembrando a cena ridícula, até que por fim consegui o meu objetivo. Ele mudou de colégio, cansado do ridículo.

Nunca mais soube dele. Nas brincadeiras e traquinadas daquele tempo não dava conta da minha maldade, pois fazia como quem pratica a justiça. Era minha maneira de ser, de protestar contra as disciplinas rígidas daqueles tempos onde não podíamos sequer ter opinião. No qual o aluno era desrecalque para maus mestres. Arrependo-me disso hoje, e principalmente agora: ao chegar aqui, assim que pude demonstrei o desejo de retornar às atividades literárias, mandando reportagens para a Terra, e fui convidado a fazer um Curso de Responsabilidade. E quando ingressei no salão, para castigo meu, encontrei novamente como mestre a figura do Chicória!

Baixei os olhos tristes e encabulados. Gostaria de ter um buraco para, como o avestruz, enfiar a cabeça.

Talvez ele não se lembrasse de mim, talvez tivesse esquecido, mas minha consciência acordou viva, observando-lhe o semblante iluminado, a dignidade de sua figura, sua elevação espiritual.

Quis retirar-me. Não suportei o remorso e a vergonha. Ele olhou-me bem e caminhou para mim, abraçando-me com alegria.

— Seja bem-vindo, prezado amigo. É com prazer que o vejo por aqui. Novamente vamos aprender juntos.

A voz morreu-me na garganta. Olhei para ele, esforcei-me por controlar a emoção.

— Professor Amarante, hoje estou modificado. Reconheço os erros passados. Peço-lhe perdão pelo mal que lhe causei.

O professor olhou-me com ar alegre e algo malicioso; depois, abraçando-me, replicou:

— Não se preocupe. Sua brincadeira serviu-me de muito. Preciso contar-lhe o que sucedeu depois. No dia seguinte fui à casa dela, contei-lhe a verdade a acabamos por nos casar. Fomos felizes, e você até que nos ajudou...

— Mas — repliquei encabulado — o senhor deixou o emprego por nossa causa!

— Engana-se, meu filho. Pensava em me casar, e por isso procurei emprego melhor, onde pudesse realizar o meu sonho; portanto, não se amargure por minha causa. Afinal, você era muito jovem.

— Sim, professor. Moleque eu era, mas hoje aprendi que todo mal que praticamos permanece em nós mais do que naqueles a quem atingimos, e por isso o carregamos até que possamos saná-lo. Espero agora aprender mais sobre responsabilidade, para que não venha a carregar mais o peso do erro.

E eu, que me candidatara ao curso aborrecido com a censura prévia dos futuros trabalhos que iria fazer, naquela hora abaixei a cabeça e, intimamente, firmei corajosamente o propósito de, com humildade, obedecer e aprender.

Aprendizagem

Estou voltando de um hospital da Terra. Não como paciente, mas como estudante. Há tempos que desejava visitar um, dentro das novas possibilidades e recursos de que, como fantasma, disponho.

Na verdade, a Medicina por aqui é surpreendentemente diferente, e os médicos necessitam não só de conhecimentos da Fisiologia na matéria densa como da dimensão da energia e da matéria quinta-essenciada. Isso sem falar dos dotes morais e espirituais, e dos conhecimentos no campo psicológico.

Entrei no hospital copiando a atitude a que me habituara no mundo, imprimindo ar patriarcal e simpático à fisionomia; contudo, o panorama inicial fez-me logo sentir como o tatu que saiu do buraco e a quem a claridade do sol cegou de repente.

A complexidade dos aparelhos e as atividades exercidas pelos enfermeiros mais simples do nosso plano pareceu-me completamente diversa de tudo quanto eu esperava.

Senti-me calouro de novo, ingressando na universidade. Na verdade, os leitos, os enfermos, a parte dos encarnados, vista deste lado, pareceu-me simples e quase inoperante. Não que eu queira desmerecer os trabalhos dos que se dedicam à Medicina no mundo; mas, observando o quadro real, percebi as dificuldades e limitações que os médicos terrenos encontram.

Nenhum paciente estava só. As companhias espirituais de cada um variavam bastante, e quantas vezes, pelo que pude ver, enquanto os facultativos procuravam restaurar as células físicas, os enfermeiros desencarnados atendiam os espíritos acompanhantes dos pacientes, em grande maioria em estado precário, tanto ou mais do que o enfermo encarnado.

Surpreendeu-me o hospital dos espíritos que coexiste com o dos homens, num trabalho profícuo admirável. Vocês sabiam? Pois é. Há salas de consultas, recepção, cirurgia, diagnóstico dos casos difíceis, recuperação, desencarne, aulas, preces, etc. Fiquei maravilhado! Depois, aqui nós levamos algumas vantagens. Podemos espiar dentro do corpo dos pacientes encarnados. Ver o tumor, a lesão, o coágulo, tudo. Mas o difícil é botar isso na cabeça do médico encarnado que cuida do nosso doente.

É que, ocupados demais com seus estudos, muitos se esquecem de orar. Não é brincadeira, não. Se antes de trabalhar no consultório ou fazer a cirurgia eles se lembrassem de orar, talvez pudéssemos ajudar soprando o diagnóstico, coisa fácil para nós.

Mas como o plano é outro, nos esfalfamos em mentalizar a moléstia e muitas vezes ouvimos, decepcionados, um diagnóstico superficial e dúbio. Enfim, eles não sabem, mas as preces nesse local realizam verdadeiros milagres. Colocar-se em sintonia com os trabalhadores do além é recurso objetivo e eficiente.

Olhando todo esse aparato, todos os recursos de aparelhagem, as centenas de criaturas que trabalham anonimamente deste lado para aliviar o sofrimento humano, sinto um nó na garganta. Ah! se eu pudesse!...

Reunir os mestres da faculdade de Medicina da Terra e fazer uma conferência! Mostrar-lhes tudo isto!

Tive muita vontade, mas, como por aqui tudo é diferente, fui logo advertido pelo meu cicerone:

— Não acha que eles devem descobrir quando chegar a hora?

Como sempre, rendi-me à sabedoria dos nossos dirigentes. Ao ver o trabalho desenvolvido por eles, do lado de cá, tudo quanto dispõem, a contribuição que fazem exemplificando abnegação e renúncia, envergonhei-me de usar o título de médico e de ter acreditado que pudesse exercer a faculdade de curar.

Afinal, fiquei melancólico, o que não é válido porquanto desejo transmitir alegria e otimismo.

Aquece-me o coração saber que nas enfermarias da indigência, enquanto os pacientes sofrem solitários e tristes, mãos amorosas e diligentes, corações afetuosos e amigos operam a bênção da fraternidade e do auxílio.

O peito se dilata em felicidade e os olhos se enternecem em lágrimas de emoção.

Como Deus é bom! Como somos cegos!

Chegaremos algum dia a ter a bênção de ajudar?

Roda de Samba

Estava emocionado. Um encontro com as maiores expressões da nossa música! Há tempos aguardava uma oportunidade. Enfim, chegara.

Noite estrelada. Parque agradável. Luar expressivo. Coração aos saltos, dirigi-me com meu amigo Orlandino, velho companheiro do Salgueiro, ao local do encontro. Violões ao luar. Nunca pensei que os fantasmas se ocupassem de serestas. Mas ali estava a cena, real, viva.

Aproximei-me como extra que pela primeira vez penetra na coxia do teatro. Coração aos saltos, emoção no olhar.

Sentados no gramado em bancos toscos sob as árvores estavam vários compositores, cantando, tocando. Nunca o violão me pareceu tão plangente.

Reconheci logo a figura elegante do nosso Ataulfo. Ah! Que beleza! Que emoção!

Meu companheiro, atencioso, procurava ilustrar-me, mas eu, na euforia do momento, perscrutava as fisionomias procurando identificá-las. Jacó do Bandolim, Pixinguinha, Nenê da Mangueira, Reginaldo Rosas, Augusto Calheiros, Lourival Faiçal e, que alegria! Tamborilando em pequena caixa, o nosso Ari! Era demais!

Vendo-me, levantou-se, e com sua costumeira alegria, abraçou-me, dizendo:

— Eu sabia da sua vinda, mas não sabia onde você se tinha metido. Bem que o procurei. As novas da Terra sempre me arrepiam.

— Só que não são tão novas. Há dez anos que deixei a velha casa...
Ele riu.
— Tanto tempo? Precisamos conversar. É a primeira vez que você vem à nossa reunião. O Noel também quer te ver.
Era um gosto o reencontro. O velho Ari continuava misturando as pessoas no tratamento. O tu e o você, num jeito todo seu. A curiosidade era grande.
Eu tinha conhecido o Noel, de quem sempre fui admirador. Fora ouvi-lo nos meus tempos de estudante em suas noitadas no morro do Pinto ou nas serestas da Vila Isabel. Mas não o tinha visto por ali.
Ah! As surpresas da vida nesse mundo onde pela graça de Deus estamos agora... Arrastado por Ari, fui apresentado a uma figura de estatura média, rosto delicado, olhos que imediatamente reconheci: o velho Noel. Velho, modo de dizer, porque aparentava quando muito uns trinta anos pela cronologia terrena.
Abraçamo-nos. Permutamos ideias e novidades. Meu olhar não deixava o rosto modificado de Noel.
Estava tão diferente que minha língua irrequieta a custo se continha para indagar.
Noel, olhos divertidos, maliciosos, parecia perceber minha curiosidade, mas, de propósito, não explicava. Apesar do meu habitual caradurismo, estava inibido. A emoção era grande e eu temia ferir suscetibilidades quebrando o encanto daquela noite de magia.
Os violões prosseguiam, ora em novas serestas a mim desconhecidas, ora em velhas modinhas da nossa querida Terra.

Conversamos sobre a música na hora atual, e tanto Ari como Noel revelaram-se muito bem informados do que vai pelo mundo.

— Veja você — atalhou Ari, entusiasmado —, temos trabalhado, continuamos compondo e procuramos inspirar os atuais compositores. Veja bem, sentimos a necessidade da música universalista. Sabemos que na era atual, quando as distâncias foram anuladas, as influências se misturam em permuta e fusão de harmonia musical.

— É verdade — considerou Noel, pensativo. — Mas, infelizmente não se fundem ou misturam apenas as músicas de nível superior. Também as que transmitem energia desagregante e carregadas de angústia.

O assunto era novo para mim. Rápido, indaguei:

— Então através da música se transmitem sensações?

— Claro — continuou Noel.

Sua fisionomia era doce e magnética, e eu não conseguia desviar o olhar do rosto misto do Noel que eu conhecera com outra pessoa.

— A música, como você sabe, transmite energias diversas através de suas ondas vibratórias, de acordo com seu grau de sonoridade, sua harmonização, sua estrutura melódica e até suas palavras na letra cantada.

— Quer dizer que, ouvindo, somos envolvidos por essas energias?

— Certamente.

— E o que você acha da música de hoje?

Noel sorriu, tranquilo:

— Você sabe, sempre houve música boa e música ruim em todas as partes do mundo. Até no campo da música chamada erudita existem aquelas que são verdadeiras explosões de angústia e de inconformismo, de paixão e de pompa. Até de orgulho nós podemos encontrar elementos nessas composições.

Passou o olhar ao redor, observando a atenção com que o ouvíamos, e continuou:

— Ultimamente, nossa música vem sofrendo a penetração de energias inquietantes. O ritmo, sempre mexendo com a alma do nosso povo, a serviço de manifestações lascivas, despertando as baixas camadas do nosso sensualismo, pode empurrar-nos para a lubricidade. Daí para o alcoolismo, a toxicomania, o vampirismo, é um passo.

Apesar de assombrado, quase não ousar interromper, perguntei:

— Você acha que o ritmo cadenciado do samba, das marchinhas carnavalescas, afinal, os ritmos alegres, possam prejudicar?

Ari interveio:

— Claro que não. Há ritmos e ritmos. A função dos ritmos alegres, quando colocados a serviço do otimismo na ingenuidade da música que o povo canta nas ruas, é mensagem vibrante de alegria!

— É isso mesmo — concordou Noel. — O mal está em usar o ritmo para chamar à tona nossas paixões inferiores, hipnotizando-nos nas formas de danças eróticas e vulgares.

— Compreendo. E não se pode fazer nada?

— Certamente. Você nos vê aqui e talvez ignore que o nosso objetivo em continuar a fazer música não é apenas para o nosso deleite. Compreendemos agora que a música é mensagem das mais importantes na educação humana e nos propusemos, com a permissão e ajuda de Deus, a colaborar para sua melhoria.

— Como assim?

— Preocupados com o rumo desagregante da nossa música, nos reunimos e deliberamos trabalhar para a sua modificação na Terra.

— Será por isso que há uma volta aos rumos antigos na tendência musical?

— Sem dúvida. A tendência da chamada nostalgia que anda pelo Brasil é fruto do nosso trabalho.

— Não que desejemos matar saudades regressando ao passado, mas relembrando as coisas boas para partir para outras melhores.

— A influência já se faz sentir. Há vários compositores jovens compondo música boa e que falam à alma sensível do nosso povo — concluiu Ari, com entusiasmo e olhos marejados de emoção.

Fiquei calado. Ataulfo cantava sua infância em Miraí. O céu estrelado, a quietude do bosque ameno, as figuras que, reunidas ali, impunham-me acentuado respeito.

E antes que eu pudesse dizer mais alguma coisa, Noel levantou-se:

— Agora é minha vez. Preciso mostrar algumas novas ao Ataulfo. Se você escrever para os amigos da Terra, não se acanhe. Pode contar que eu me livrei do queixo horrível que me deprimia. Fiz uma plástica. Você não acha que estou muito melhor assim?

Sorri, divertido, observando o brilho malicioso do seu olhar maroto e amigo. Minha curiosidade estava satisfeita.

A cada dia não me canso de dizer:

— Como Deus é bom! Que beleza é a vida, em todas as partes, onde quer que estejamos. Não concordam comigo?

Por quê?

Por que será que chove? Se fizéssemos esta pergunta a um homem inteligente, ele nos viria com explicações de origem científica, complicadas, com fórmulas químicas de transformações da matéria. Mas se fizéssemos a uma criança, não temos dúvida de que ela responderia:
— Ora, chove porque chove, é só isso.

E não se preocuparia mais com o assunto, tratando certamente de resguardar-se dos pingos para não se molhar.

E aí entro eu perguntando: quem deu a melhor resposta? O homem culto ou a criança? Quem conseguiu mais objetividade e maior senso prático?

Porque enquanto o homem se dava ao luxo de perquerir causas e examinar porquês, talvez se tenha esquecido da regra mais simples e facilmente constatável de que a chuva molha, e se tenha encharcado até os ossos, acabando com alguma pneumonia ou coisa pior.

Assim vamos indo sempre. Pretensiosos no saber, por vezes esquecemos de nos proteger e mergulhamos na água de corpo inteiro para, atônitos e aflitos, assustados e infelizes, aprendermos que deveríamos nos ter resguardado, evitando a intempérie. Pois é.

Não são só as crianças que, em sua ingenuidade, por vezes nos ensinam as lições da simplicidade, mas também a vida, através de mil exemplos e manifestações, de avisos e alarmes que, de tão repetidos, já deveriam estar dentro de nós, a fim de que nos preservássemos de suas consequências.

Mas não. Caminhamos distraídos, procurando fórmulas complicadas que gastam nosso tempo e nos impedem de ver o mais importante: a ação.

Certamente que não condenamos aqui as lentes da cultura nem os postulados da ciência, apenas queremos indagar dentro da dinâmica da vida o que é mais eficiente: saber para guardar ou para fazer?

É engraçado, eu sei que o fumo destrói meus ricos pulmões de carne, chego até a descobrir que eles ficam escuros e obstruídos com a nicotina, mas continuo ingerindo fumo e depois fico surpreso e atônito se sobrevém a asfixia em simples gripe, um câncer ou até mesmo distúrbios mentais.

Eu sei que o fígado do meu corpo é um órgão vital e que, se ele morrer ou parar de funcionar, sobrevém a cirrose ou o câncer; sei que a ingestão de alimentos condimentados corrói as defesas das paredes abdominais, fermentando e produzindo úlceras, inflamações, viroses, câncer, que podem levar à morte; mas, com um sorriso nos lábios, vou ingerindo álcool e intoxicando meu organismo para, assustado e surpreso, receber a doença como castigo injusto e imerecido.

Pois é. Chuva molha? Molha mesmo, e assim, melhor cobrir-se para evitá-la do que deixá-la encharcar-nos os ossos.

Sem falar ainda de outras coisas, de outros conhecimentos que a inteligência humana já descobriu e a ciência já constatou, que correm de boca em boca, mas dos quais ninguém procura proteger-se. Tem senso isso?

Não. Não tem. O homem é ainda o ser mais complicado que já vi. Sem lógica e sem jeito. Por que será que só aprendemos quando nos molhamos por inteiro nas águas da experiência? Não seria mais fácil procurarmos não pôr a mão no fogo porque ele queima, não abusar da saúde porque ela é preciosa, não agredir os outros porque dependemos deles, não amontoar bens que não podemos carregar, não estabelecermos ilusões que a vida vai destruir, não pararmos na inércia para que a vida não nos empurre, não reclamarmos de situações que nos convidam à luta?

Experiência, experiência, experiência.

Por que chove? Chove porque chove, e a chuva molha mesmo.

Hoje consegui ensaio filosófico. Será que vou indo bem?

Curiosidade

Ah! A curiosidade. Como é interessante! Ela tem sido a causa de muitas descobertas científicas, mas também tem sido motivo para muitas dificuldades e aperturas quando imprevidente e desvirtuada. Ser curioso não é defeito, ao que me parece. Não que eu a esteja defendendo por ser particularmente inclinado a ela. Mas como não ser? Quantas coisas desconhecemos? Quantas coisas existem ainda inexplicáveis para nós? Quantos fenômenos cuja causa não sabemos?

Ser curioso não é ser maldoso. O interesse pelo saber determina a própria curiosidade. Há mal nisso? Não. Ela é o impulso determinante do progresso.

Mas, cá pra nós, há que conduzir-se com sabedoria. Contudo, ainda é difícil não resvalarmos para a bisbilhotice e o comentário leviano.

Em especial na minha qualidade de repórter-fantasma, que pode espiar os pensamentos de gente famosa, de homens públicos, de políticos, gente que eu apenas conhecia através dos livros que estudei na Terra, de cuja intimidade posso agora privar, mercê de Deus e da maravilhosa condição de vida que agora desfruto. Apesar dos anos decorridos, ela ainda me parece incrível e fantástica. Já pensaram que tentação para mim e como é difícil bisbilhotar? Não contar aos amigos da Terra, por vezes com a cabeça cheia de ilusões, divorciados completamente dos problemas eternos do espírito?

Quem não gostaria, por exemplo, de saber o que foi em outras encarnações? Pois é. Nem tudo eu posso descobrir, mas algumas coisas já sabemos por aqui; onde estão reencarnados certos personagens históricos do passado.

Quem não gostaria de saber, por exemplo, onde se encontram os grandes líderes de outras épocas, os Césares, e até Napoleão? Quem não tem essa curiosidade?

Ah! Se eu pudesse... A essa altura muitos estarão pensando que eu já estou ciente de tudo isso. Não é bem assim, mas que tenho curiosidade, lá isso tenho. Outros estão pensando: como será a movimentação dos artistas pintores que aqui trabalham essa noite?

Nesse ponto estou em melhores condições. É um ambiente que sempre me agradou, e se ninguém espalhar, posso até contar que em outros tempos fiz algumas incursões na difícil arte da pintura. Esse pecado raros conhecem. Contudo, é emocionante ver tanta gente famosa reunida.

Junto deles, sinto-me muito bem. Suas vestes coloridas e suas fisionomias personalíssimas deixam-me à vontade. Como se eu estivesse em enorme estúdio de cinema onde os artistas estivessem se preparando para vários filmes diferentes em épocas distintas.

Às vezes, quando me permitem, arrisco até uma entrevista com eles, colhendo material para o futuro. Digo para o futuro porque tantas são as personalidades, e de tal envergadura, tantos os problemas que ainda trazem, que um trabalho desses precisa ser bem estruturado e redigido.

Tenho me sentido fascinado! Sabem lá o que é visitar o Moulin Rouge com Toulouse-Lautrec ao lado, contando detalhes, descrevendo personalidades e acontecimentos, com uma verve que admiro e que me delicia, e uma irreverência a que talvez eu não possa me permitir aqui?

Já pensaram numa excursão à Florença, com Rafael ou Michelangelo, que conhecem cada obra exposta, que sabem cada segredo, cada adulteração, cada fraude que infelizmente existem nessas coleções?

Ah, a curiosidade! Terá alguma utilidade para mim, saber tudo isso? Não será apenas bisbilhotice?

Não. Não é. Porque certamente nos oferece a medida exata dos interesses egoístas dos homens, das suas encenações, e ainda nos dá um profundo sentimento de inutilidade de tudo isso, uma vez que tudo pode ser conhecido e toda fraude descoberta.

Isso tem me servido muito. Sabem por quê? Porque às vezes penso que estou na Terra. Ainda desejo impressionar e manter a aparência de um homem bom, humanitário, bem-humorado, seguro de si, que pode manejar a ironia com bom-humor e felicidade. Pobre vaidade que não me deixa...

Mas, cá pra nós, quem poderia saber que coisas me estavam reservadas por aqui? Quem poderia imaginar a concorrência ou a convivência com expoentes da nossa literatura, como José de Alencar, Machado de Assis, Euclides da Cunha, Humberto de Campos, Gustavo Barroso, Waldemar Mesquita, isso sem falar de Poe, Bernard Shaw, Pirandello, Camilo e outros tantos que se cruzam conosco por vezes e os deixam emocionados?

Vocês imaginaram viajar para Hollywood e encontrar pelas ruas os ídolos do cinema? Rodolfo Valentino distraído a conversar com Theda Bara. Carmem Miranda sorrindo vir ao seu encontro, conversando como velha amiga, ou ainda Marilyn Monroe frequentando curso de terapia ocupacional? Que tal, como se sentiriam? Maravilhados, certamente, como eu que vivo cada minuto, cada instante dessa maratona extraordinária. Que beleza! A vida continua. O passado, o presente se fundem. Estou feliz.

Sou curioso? Quem não é? Será isso um mal? Não sei. Só acho que precisamos controlar a língua e evitar a maledicência. Afinal, todos queremos melhorar.

Mas saber será ruim? Por agora, só posso perguntar: vocês não pensam como eu?*

---

* Esta crônica foi escrita durante uma sessão de pintura mediúnica, com o médium Luiz A. Gasparetto.

Inércia

Às vezes fico encabulado pensando em certas coisas. Vocês não? Já repararam como temos medo das coisas novas? Pois é. Cristalizamos conceitos, ideias, verdades que condicionamos como tais pressionados por mil forças, livros, cultura, cinema, meio ambiente, nível cultural etc. Essas coisas todas, misturadas à nossa preguiça mental, criam caraminholas nas nossas cabeças e nós nos julgamos os donos da verdade.
Confesso e me penitencio hoje de ter sido assim. Que fazer? É duro mudar. É tão gostoso pensar que somos equilibrados, que alcançamos grau superior de conhecimento quando, de peito inchado e olhos marejados, recebemos nosso canudo universitário.
Mudar! Como?! Eu já me graduei, já acabei os estudos. Agora é ganhar dinheiro, compensar os anos penosos de faculdade (sempre exageramos esses "anos penosos") e valorizar nossa conquista.
Reformular conceitos? Alguém será louco de agir assim? Rever opiniões, estabelecer novas bases de vida, raciocinar, eu? Mas se os outros já fizeram isso por mim! Os gênios já sofreram para nos legar a maior prova do progresso humano, digerível em súmulas e verbetes, nossa grande amiga, a enciclopédia.
Pois é. Para que vamos nós arranjar problemas complicados, coisas difíceis? Depois, a nossa amiga enciclopédia não exige nada de nós. Presta seus serviços

graciosamente e não implica com nossa vida particular e moral.

Esse negócio de espíritos que vêm falar sobre morte, que nos concitam à responsabilidade, que salientam deveres, mostram nossas falhas, não, eu não quero crer. Para quê? Deixar de ser o homem culto, descer do alto da minha própria conceituação de pessoa privilegiada e erudita para tornar-me um servidor humilde do bem, trabalhando pelo semelhante, eu? Não. Eu não acredito, não. Essa história de espíritos é puro engodo, vocês não acham? Afinal, não convém mesmo acreditar. Vamos ficar como estamos. Mostrar meus erros é humilhante, ainda mesmo que seja apenas para reconhecê-los no âmago da própria consciência.

Também pensei assim. Nós aqui compreendemos perfeitamente. Afinal, por que o homem da Terra haveria de querer enxergar? Já imaginaram como é bom sonhar com nossas próprias virtudes? Por certo não somos tão maus assim, e eu até me vejo candidamente com um aro luminoso ao redor da cabeça.

A realidade é outra? Não, não me diga isso se é meu amigo. Você me ofende. Bom mesmo é ficar como está, e só o futuro vai mostrar como é que fica.

Pareço decepcionado? Absolutamente. Esquecem-se de que viemos daí? E se as pressões por aqui não tivessem sido tão reais e convincentes, talvez até hoje eu continuasse com esse modo de pensar. Mudar, eu? Para quê? É isso mesmo. Por incrível que pareça, estou aqui, fantasma ignorado e inoperante, mas que já percebe certas coisas e finalmente aceita a ideia de mudar.

Estão surpresos? Pois é, eu também. Mas se alguém receia, eu posso dizer que a alegria de saber, o prazer de conhecer, a beleza de encontrar, a grandeza de ser, de continuar a viver, de existir, compensa qualquer luta, qualquer esforço para acordar.

Se vocês vissem o que eu vi, vivessem o que eu vivi, pensariam como eu. Não acham que eu tenho razão?

Bate-papo

— Escravos somos todos!
Rebelei-me. Escravo, eu? Paladino da liberdade sempre me ufanei de haver sido. Afinal, temos livre-arbítrio. Disciplina, eu entendo, é necessária, mas escravo, lá isso era muito forte.
Olhei a figura irrequieta à minha frente, curvada ainda na reminiscência de seu corpo de carne terreno, posição a que se habituara pelos muitos anos em corpo meio cervical.
— Alto lá — atalhei um pouco picado. — Nem todos!
Ele sorriu com finura, lançando-me seu olhar maroto e penetrante.
— Por que não? Por acaso você é exceção?
— Nem tanto, mas protesto. A liberdade é a mais completa realização que o homem deve defender.
Ele riu, sua risadinha personalíssima:
— Então, você acredita em liberdade!
— Claro! — respondi sério.
— É. Liberdade. Você sabe o que é isso? Todos gostam dela, mas ninguém sabe o que é... Acreditam alguns que seja fazer tudo quanto desejem, sem peias nem obrigações. Você é desses?
— Claro que não. Como poderemos? Há pessoas que se aproveitam para abusar.
— Ah! O abuso! O homem alguma vez deixou de abusar?

Calei, pensativo. Era verdade. O homem alguma vez deixou de abusar? Não, ele sempre abusa. Abusa do fraco, do forte, do bom, do mau, do progresso, da guerra, da paz, do sábio, do ignorante, do erro, do ódio, do amor, da saúde, da doença. Na verdade, o homem nunca deixou de abusar.

Meu interlocutor olhou-me com olhinhos matreiros e penetrantes. Casquilhou:

— Se você fosse o dono do mundo por algumas horas, com poderes de governador máximo, quais as providências que tomaria?

Cocei a cabeça, pensativo. Eu sempre gostei de política. Sempre sugeri soluções, usei a crítica bem--humorada, o dito jocoso despertando raciocínios. Mas se eu fosse governador do mundo...

Deslumbrei-me. Que beleza! Acabar com a fome, com a miséria, com o sofrimento. Vi-me sentado em vasta sala, presidindo reunião solene, rodeado de assessores, deliberando sobre os destinos do mundo.

Acabaria com a alegria dos déspotas e dos ditadores, instituiria a paz a qualquer custo, apoiaria a Medicina na profilaxia das moléstias.

Ah! Se eu fosse governador! Liberdade nas prisões, transformaria o mundo em uma grande escola, cheia de alegria e de fraternidade.

Expus minhas ideias com entusiasmo. Toulouse colocou sua mão nervosa em meu braço.

— Muito bem. Você faria tudo isso. Então você estaria utilizando plenamente o seu direito de liberdade.

— Isso mesmo — concordei triunfante. — Eu seria um líder da liberdade no mundo e a daria a todos.

Os olhinhos dele riam como uma criança travessa, apesar do seu rosto se manter sério:

— E será que todos no mundo pensariam como você?

— Como assim? — objetei, surpreso.

— Isso mesmo. Você estaria sendo livre, mas e os outros homens? Estariam realizando também seus ideais de liberdade?

Calei, interdito. Ele prosseguiu:

— Para eles, a liberdade poderia se fazer exatamente ao contrário do que você deseja. E aí? O que faria? Iria obrigá-los a aceitar seu ponto de vista?

Não querendo demonstrar minha decepção, tentei consertar:

— Não. Claro que não. Teriam liberdade para agir conforme desejassem.

— Mas então, seria você quem teria que mudar, agir diferente.

— É... — tartamudeei, meio sem graça. — Afinal, eu nunca seria um bom governador mesmo. Melhor não tentar.

Ele sacudiu a cabeça, satisfeito.

— É isso mesmo. Antigamente, quando estava na Terra, eu pensava ter conquistado essa dama indomável. Podia pintar o que quisesse e muitas vezes ferir o preconceito rançoso dos dissimulados. Mas hoje, sei que mesmo na arte estamos delimitados pela forma, pelo conceito de vida, pelos cinco sentidos etc. Afinal, de um jeito ou de outro, somos todos escravos. Escravos das paixões, do egoísmo, do poder, da necessidade de afeto. Sim, somos todos escravos. Concorda?

Balancei a cabeça, contrafeito.

— Você é mestre em argumentar. Mas ansiamos pela liberdade. Esse conceito de escravidão não vai nos deixar deprimidos e pessimistas?
— É assim que você acha? Se não podemos ser livres por incapacidade nossa, somos empurrados para a depressão? Não é um conceito pouco louvável para com Deus, que dispôs tudo isso?

Esse Toulouse Lautrec consegue embatucar-me. Eu, que sempre usei a verve com facilidade, sinto-me manejado por ele como uma criança. Mas confesso que me deixo levar com humildade, subjugado pelo seu magnetismo impressionante. Protestei:

— Não. Quem sou eu para criticar a Criação?
— Ora, meu caro. Quem é você? Um homem. Embora fora da Terra.
— É, mestre Toulouse. Eu sou apenas um homem.

Cabisbaixo, senti as limitações que ainda tenho. Ele de repente pareceu-me galvanizado por energias novas:

— Um homem não é um rato!

Olhei-o, surpreso.

— Um homem não precisa ser cultuador do pessimismo quando há tanta beleza à sua volta, tanta glória a ser compreendida, tanto progresso a ser conquistado.

Vibrei de alegria. Ia pegá-lo:

— Você então acha que somos felizes?
— Não. Acho que nosso destino é a felicidade. Você já foi a outros mundos nesse espaço imenso? Já viu as cores, a luz, a energia disciplinada gerando campos de força e possibilidades de progresso com felicidade para todos? Já pensou que tudo isso nos pertence? Já pensou que é nosso por misericórdia e obra de Deus?

Entusiasmei-me. Realmente, a vida, o mundo, os seres, tudo é maravilhoso.

— Mas você não disse que somos todos escravos?

— E somos. Somos mesmo. Porque, tendo à nossa frente tudo isso, teimamos em colocar uma venda diante dos olhos e empacar como mula de estrada que só a chibata no lombo consegue fazer caminhar.

Ri gostosamente. É uma delícia esse Toulouse. Poderia ouvi-lo durante horas. Peguei-o pelo braço e sussurrei-lhe ao ouvido:

— Sabe de uma coisa? Você fez-me lembrar da última vez que empaquei e das duras pancadas que a vida me deu no lombo para que eu andasse de novo. Olhe, para ser franco, acho que não deveríamos cogitar tanto de liberdade, ou de resolver problemas de filosofia. O bom, o prudente seria mesmo não empacar. Andar devagar, com calma, com lentidão mesmo, mas andar. Com cautela para não errar o rumo nem o caminho, mas não parar. Será que assim poderíamos nos furtar aos açoites e suavizar nossas vidas?

Não acham que é um bom tema para pensar?

Amor

O marca-passo do nosso coração é o amor. Vocês não acham? É o amor que o faz bater mais forte e nos aquece o corpo, impulsionando-nos às mais difíceis conquistas, à renúncia ou à abnegação.
Neste mundo onde estou, tenho surpreendido casos verdadeiramente sublimes de dedicação e amor.
Como é belo poder sentir ou ver como as criaturas que amam de verdade se dedicam ao esforço de erguimento e auxílio aos seres amados que sofrem na Terra em luta por uma vida melhor!
Na verdade, trata-se de um trabalho anônimo, onde o beneficiado, na maior parte das vezes, nem pressente o carinho e o interesse de que é objeto.
Se na Terra amamos alguém e nos dedicamos ao seu bem-estar, ou à sua regeneração, estamos protegidos pela carne e não sabemos nem podemos ver o "íntimo" do nosso ente querido. Aqui tudo é diferente. Não só sabemos tudo que ele faz como sentimos até o reflexo dos seus pensamentos.
Em se tratando de pessoas carentes de um bom comportamento, é de se prever os sofrimentos dos que a elas se dediquem no desejo do auxílio abnegado.
Todos os seus erros são punhaladas nesses corações amorosos. Todas as suas inclinações ruins são causa de sérias preocupações sem que possam intervir

drasticamente. É sentir e calar, sofrer e compreender, ser traído e perdoar.

É preciso muito amor e muita fé em Deus para realizar esse trabalho de auxílio.

Ninguém na Terra pode sequer imaginar o que isso representa. Mas o amor nos impulsiona e tudo consegue: força, paciência, coragem, perseverança, porque no fundo, no fundo, todos sabemos que o amor é a maior força de todas as coisas e que no fim, se perseverarmos, sempre será o mais forte e nos ajudará a vencer.

Pode haver beleza maior?

Natal

Na véspera de Natal, eu gosto de subir ao Corcovado e derramar lá de cima minha vontade de amor ou de progresso a toda a humanidade.
Lírico, eu? Sempre fui. Nas máscaras que coloquei, no riso e no humor, havia sempre muito lirismo e muita vontade de que a humanidade fosse feliz.
Mas eu, que quando na Terra gostava de ir ao Corcovado nas vésperas natalinas, realizo agora esse passeio e, surpreso, percebo a corte imensa de seres dos vários lugares da espiritualidade que dali contemplam a paisagem no alvorecer de um novo dia augurando aos homens a almejada paz.
No rumo em que andam as coisas, ela nos parece um pouco distante, mas encoraja-nos saber que já houve tempos piores, mais negros e mais duros, dos quais a comunidade terrena paga ainda o seu tributo.
Mas agora, como fantasma, olhar o Corcovado é emocionante. Ao nascer do sol, no raiar das primeiras horas da manhã, chega a ser comovente. Milhares de seres que muitos na Terra poderiam chamar de "anjos" do bem, mas que nós chamamos apenas de espíritos e irmãos, descem para as atividades múltiplas a que se filiam em benefício dos seres queridos que estão no mundo, ou em tarefas de auxílio de ordem geral, enquanto que outros alçam às alturas após as tarefas da noite que se finda.

Eu não sabia dessa movimentação naquele lugar, e a primeira coisa que me ocorreu foi saber a razão. Se vocês pudessem ver o que eu vi, naturalmente se surpreenderiam. Seres das mais diversas atividades, das mais variadas regiões, apesar de estarmos na zona brasileira. Curioso, dirigi-me a um moço que, muito ocupado, anotava toda a movimentação nas idas e vindas do pessoal. Pensei que ele podia esclarecer-me. Aproximei-me:

— Precisa de ajuda?

Era um homem moço, aparentando uns 35 anos, quando muito, fisionomia calma e inteligente.

— Seria orgulhoso se recusasse.

Fiquei meio sem jeito. Não sabia em que ajudar. Ele riu com alegria.

— O que quer saber?

Sorri também.

— Aqui não se pode nem contornar. Vocês sabem tudo. Sabe quem sou?

Seus olhos brilhantes me fixaram.

— Um amigo.

— É. Acertou. Mas sou repórter, você sabe. Este movimento me surpreende muito. Quando na Terra, sempre que podia subia a estas paragens na véspera de Natal. Gostava de ficar só e pensar. Fazia-me bem. Mas agora tudo é diferente.

— No Natal tudo é diferente.

— Por quê?

— Porque os homens se tornam diferentes. Ao influxo do Mestre, só em pensarem em Jesus, desejam o bem. Já reparou como eles mudam nesta época? Lembram-se de ajudar o próximo, de confraternizar-se.

Esquecem problemas, há muitos até que querem pagar todas as suas dívidas para iniciar o ano novo com alegria.
— Isso é verdade — concordei. — O homem se torna melhor no Natal.
— Pois é, e isso nos possibilita uma assistência mais ampla.
— O que você está anotando?
— São os dados estatísticos.
— Interessante! Posso vê-los?
— Certamente. Veja isto, por exemplo. Para atendermos um pedido da Terra, levamos às vezes semanas ou meses, normalmente. Nesta época, dois ou três dias em muitos casos são suficientes.

Parecia-me algo inusitado.
— Como assim?
— Quando alguém na Terra ora e faz um pedido de auxílio, você sabe que, depois de examinado esse pedido pelos nossos maiores, somos enviados para auxiliar sua concretização, caso seja aprovado.
— Eu sei. O trabalho de socorro.
— Você conhece. Mas como podemos socorrer nos casos em que a ajuda requer providências no mundo material?
— É mesmo — objetei admirado.
— Não podemos violentar consciências. Assim, temos que sugerir as providências a quem pode tomá-las e aguardar.
— Então...
— É isso que você pensou. Nesta época, qualquer sugestão ao bem encontra eco nos corações humanos.
— E todos esses grupos que vão e vêm?
— Precisam aproveitar. Você não acha?

— É. Eu acho.
Continuo achando. Este ano, vou novamente ao Corcovado fazer minha prece. Não que ela não possa ser feita em qualquer parte, mas é que a estupenda vista me enternece.

O Natal é uma festa de amor. Que bom se pudéssemos ter sempre o Natal o ano inteiro! Pensamentos fraternos, boa vontade, companheirismo, perdão, auxílio aos pobres.

Pensando bem, esta deveria ser uma festa permanente. Vocês não acham que tenho razão?

A Noite

Gosto muito das madrugadas. Será que sou boêmio? Talvez, mas o boêmio se pressupõe um amante das noitadas alegres, das bebidas saboreadas nos botequins ou nas boates, na música chorada das saudades e da dor de cotovelo.

Mas eu não sou assim. Que me perdoem os bebedores inveterados, eu não presto culto a Baco em troca das minhas inspirações. Sinto-me poeta, sentimental quando as sombras da noite cercam de mistério o mundo que nos rodeia.

Claro, não dispenso a música, o violão chorado, o saxofone em surdina vibrando em nossa intimidade emotiva, a flauta no chorinho singelo ou na imensidão da sinfonia, o violino cigano abrindo as portas à magia e ao amor.

Quem pode ficar insensível? Nós, a quem cada instrumento e cada acorde eletrizam, através das cortinas descidas no palco onde se desenrolaram os dramas das nossas vidas já vividas?

Gosto da noite. Acham que sou sombrio? Não acreditem nas aparências. É bem verdade que a noite oferece aos vagabundos e criminosos a oportunidade de concretizar suas intenções nefandas. Que fazer?

Por acaso os homens não deturpam todo bem que têm nas mãos? Não cometem atrocidades também à luz do dia?

Quero defender a noite. Ela não tem culpa, assim como o dinheiro, o amor, a fé, a religião e outros tantos instrumentos, do uso que os maus fazem deles. Para que a música seja boa e nos emocionemos com ela, o músico deve ser bom e ter talento. Já ouviram os péssimos instrumentistas que teimam em tocar, ferindo-nos a sensibilidade? Pois é. Enxameiam por aí e ninguém culpou a música por isso.

A noite nos permite ver o brilho das estrelas, as flores exalam os perfumes, o ar se enche de mistério e estabelece clima para as confidências. Apaga os contornos da agitação material do mundo, as máquinas em sua maioria descansam, os trabalhadores braçais deixam seus corpos cansados no leito em recuperação física.

Só os espíritos confabulam, só os intelectuais criam suas mentalizações. Os espíritos superiores descem em auxílio maciço à humanidade sofredora. Que beleza!

Na Terra, eu já gostava da noite. Escrevia muito no silêncio cheio de vozes da madrugada, ao sopro do meu mundo de ideias.

Como a imaginação tem asas na calada da noite! Tudo parece sereno e silencioso, mas por um milagre maravilhoso, sob a serenidade aparente, toda vida microscópica e vegetativa, todas as moléculas e fibras, todos os astros e plantas, todas as coisas, tudo se movimenta inexoravelmente, estabelecendo o equilíbrio da vida.

Que beleza! A Terra vista do alto, os grupos iluminados de almas bondosas e abnegadas que em demonstração de amor e de renúncia vêm em bandos amorosamente abrandar os sofrimentos das almas da Terra!

Ah! Se vocês pudessem vê-los, à luz das estrelas, em silêncio e prece, acompanhados em surdina pelos hinos celestiais, banhando de luz a Terra sofredora e adormecida! Certamente deixariam de lado os comentários maldosos, a mesquinhez dos sentimentos distorcidos, a falta de fé, e sentiriam como eu, humilde e impenitente pecador, ajoelhado diante de tanta magnificência, a alma lavada de arrependimento, qual criança desajuizada e fraca, e manifestariam uma vontade imensa de rezar, de agradecer, de amar, de trabalhar, de fazer tudo isso em silêncio, para não quebrar a harmonia e a magia da noite eterna, luminosa e bela que nos vem abraçar.

Em vista de tudo isso, vocês não se sentem como eu?

Cinema

Na semana passada fui ao cinema. Vocês acreditam nisso? É verdade, sim. Fui ao cinema.

Muitos perguntarão: como será isso? Existe cinema no Plano Espiritual? Outros, ainda mais descrentes, dirão, dando-se ares de entendedores:

— Qual nada. Isso é conversa fiada. Morto indo ao cinema? Fantasma não precisa disso!

Alguns, até aproveitarão para fazer blague:

— Fantasmas, se existissem, saberiam tudo, conheceriam tudo, poderiam até espiar outros planetas. Por que iriam querer ir a um cinema?

Não faltarão os maldizentes irônicos que arriscarão sua observaçãozinha:

— Logo eles, que podem atravessar as paredes e espiar todas as brigas, as fofocas, os segredos que desafiam a ficção mais arrojada dos dramaturgos de todas as épocas?

Contudo, eu fui ao cinema, e por aqui, onde moro. Aos cinemas da Terra há muitos anos não tenho ido. Estão curiosos? Pois é verdade. Mas se levanto uma ponta do véu do nosso mundo espiritual, não deixarei também de tentar mostrar alguma coisa mais.

Têm sido mostrados já na Terra, através da literatura espírita, alguns planos de recuperação deste lado, bem como os caminhos difíceis do reajuste que a maioria classifica de purgatório. Já se tem falado sobre os hospitais, postos de socorro, e até dos locais onde se usam veículos para transporte das criaturas, tal qual nas cidades terrenas, mas ninguém ainda falou em nossos cinemas.

Haverá, naturalmente, várias classificações desse veículo tão importante para o conhecimento humano que é a projeção da imagem e dos acontecimentos, utilizáveis de várias formas e níveis, mas eu fui ao cinema para divertir-me. Duvidam? Quando começamos a aprender a valorização do trabalho como uma de nossas grandes necessidades, a ele nos dedicamos com esforço e coragem, e até com alegria. Certamente consideramos uma honra poder trabalhar e servir. Mas também é certo que o equilíbrio é a forma mais acertada de vida. Assim sendo, o lazer bem aproveitado e a diversão sadia fortalecem nosso espírito.

Por isso, há na cidade onde moro vários entretenimentos. Alguns tão diferentes dos da Terra que nem sequer me permito mencionar. Mas há um cinema, e isso eu posso falar.

Situa-se em larga praça arborizada, que nesta época do ano está coberta de flores. Mas há estações no plano espiritual? Não é da minha competência explicar cientificamente essa ocorrência, mas posso afirmar que as plantas têm seus ciclos e suas particularidades de transformação, o que certamente muitos estranharão, porquanto acreditam que este plano seja criado através das formas de pensamentos dos espíritos.

Como acontece, não sei, mas que é assim posso garantir.

Pois bem, nosso cinema é um belo edifício térreo, um salão agradável e acolhedor, onde as poltronas estão dispostas um pouco diferente dos cinemas terrenos, porquanto estão em círculo completo, como uma arena de touros. No centro, uma área livre.

Quando entramos, fiquei mais curioso do que o comum, e meu acompanhante, um amigo a quem tanto devo desde que cheguei aqui, atalhou, verificando minha surpresa:
— Esperava a tela ao fundo, como na Terra?
— É... acho que sim — ajuntei, meio sem jeito.
Quando nos acomodamos, atentei para o detalhe do teto, onde havia graciosas pinturas e delicados arabescos. A sala estava lotada. Pude observar, tranquilo, que ninguém trazia sorrateiros saquinhos de balas, velho defeito meu. Nunca tolerei o ruído do papelzinho remexido e amassado etc., etc... Ninguém falava também. Música suave nos repousava o espírito.

De repente as luzes se apagaram, ia começar a sessão. Confesso que senti uma emoção parecida com a que sentia na infância antes do seriado começar, nas saudosas matinês domingueiras. A música continuou, o teto moveu-se e podíamos ver as estrelas rutilando no céu. Uma brisa suave penetrou na sala.

Abri bem os olhos. Queria ver tudo. De repente, no centro da sala surgiu uma tela luminosa em forma de esfera semelhante a um vidro leitoso, fluorescente. E aí começou para mim o encantamento.

Assisti a alguns documentários, trazendo notícias da inauguração de novo posto de socorro para os recém--desencarnados da Terra, ainda no umbral, inclusive um belíssimo hospital cujo avanço técnico muito me interessou. Depois, o filme principal, cujo título daria sem dúvida bom rendimento comercial na Terra: "As Aventuras e Desventuras de um Poeta".

Parece muito terreno, não é? Mas foi isso mesmo. Um belíssimo filme com excelentes artistas, entre os quais reconheci Lionel Barrimore e Douglas Faribanks. A atriz, belíssima, por sinal, era-me desconhecida, mas meu amigo informou-me tratar-se de grande estrela francesa desencarnada durante a Primeira Guerra Mundial.

A história mostrava um poeta, no caso o nosso Douglas Fairbanks, remoçado e elegante, caracterizado de acordo com a época do filme, que seria a de cem anos depois do século atual. Tendo sido poeta romântico no século 19, reencarnara na Terra dos anos 2070, desejoso de continuar sua carreira de cantador de musas.

O entardecer das reminiscências dele e da era moderna, do progresso tecnológico, tão diversos do que ele conhecera em sua reencarnação anterior, narradas com graça e espírito de humor que achei geniais, fez-nos sofrer com o pobre romântico que sonhava versejar em noites de lua ao pé de balcões floridos e acabou compondo rimas auxiliado por um incrível computador.

Sacudiu-nos o espírito para nos fazer pensar nos rumos pelos quais os homens se conduzirão frente a tantas conquistas da ciência. Já pensaram o que acontecerá se o homem, tão comodista como sempre foi, deixar de pensar porque isso requer esforço e entregar tudo aos computadores?

Vai amar, submetendo sua união com a mulher querida à apreciação do fabuloso robô. Se ele informar que a união não tem probabilidades de sucesso, então, oh! Sofrimento, oh! Dor, se separará da mulher amada.

Não pude deixar de me preocupar. Se antes o homem consultava os oráculos, as cartomantes, os adivinhos, agora recorrem aos computadores. E olhem que máquina não tem sentimentos. Dentro em pouco a humanidade estará apática e atrofiada, seguindo as informações dos cérebros mecânicos. E já pensaram se um espírito matreiro, desses que estão espalhados pela crosta da Terra, um diabinho gozador e desocupado, der uma alteraçãozinha na regulagem dessas preciosas geringonças? Deus nos livre. Nem quero pensar!

Mas o nosso poeta, versejando pelo computador, tendo trocado as estrelas pelo acanhado e bem montado estúdio eletrônico, acabou tão sem inspiração que, quando terminou sua estadia na Terra, regressou ao plano espiritual suplicando para ingressar em outras atividades onde pudesse utilizar as mãos no trabalho. Poesia? Nunca mais.

Eis aí nosso filme. Narrá-lo parece-me simples, mas vê-lo foi extraordinário! A imagem, nessa tela esférica, projetava-se multidimensionada, de modo que parecia estarmos em um teatro ao vivo, onde podíamos ver tudo completamente. Será que podem imaginar? Acho que não. Mas, como posso mostrar? Não há meios de comparação na Terra. Fiquei maravilhado.

Então, os artistas continuavam artistas. Como pode ser isso?

Meu amigo Jaime observava meu entusiasmo com discreta satisfação. Quando o espetáculo acabou, ainda permaneci sentado, enlevado, sem querer que aquele encantamento acabasse. Saímos.

A praça regurgitava e as perguntas ferviam na minha cabeça. Jaime convidou, amável:

— Sentemo-nos naquele banco. Estou pronto. Pode perguntar.

Sorri, descontraído. Transmissão de pensamento é uma beleza! Simplifica tudo, quando não pensamos mal, é claro. Sentamo-nos e eu comecei:

— Os artistas continuam artistas, como pode ser isso?
— O que esperava? Todos somos os mesmos. A morte do corpo não muda nossa personalidade. Você não está escrevendo para a Terra como sempre fez?
— É, isso é verdade. Mas cinemas, estúdios, ficção, carreira. Tudo me surpreende.
— Por quê? Não se deu conta de que a nossa civilização aqui, nossas cidades, com algumas diferenças ambientais, são iguaizinhas às da Terra? Acreditou que pudesse viver de forma muito diferente da de lá? Aliás, vamos pôr as coisas nos devidos lugares: não é aqui que se copia a Terra, mas os espíritos daqui que renascem lá é que fazem ou tentam fazer o que conhecem e tiveram aqui.

Eu estava mudo, pensando, pensando.

— Quer dizer que os grandes astros do cinema eram artistas daqui antes de renascer?
— Os grandes, sim. Você não notou neles uma determinação e uma autoconfiança que os fizeram lutar pelo que queriam? Passaram fome, dificuldades, mas acreditaram em seu próprio talento. De onde lhes veio essa força, senão de experiências anteriores?
— É. Tem lógica. Eu mesmo queria salvar a humanidade pela Medicina, mas as letras me chamaram com força total e acabei encostando o papel de esculápio e dando vazão à verve literária.
— Pois é. Você já fazia isso antes, aqui e na Terra em outras encarnações. Na França, por exemplo.

Fiquei um pouco embaraçado:

— Melhor esquecermos isso. Acho que não usei bem a pena.

Ele riu com suavidade:

— Não se preocupe. Às vezes é bom recordarmos os erros passados. É vacina eficiente para o futuro.

Ri, meio sem graça.

— Gostaria de ver um estúdio de filmagem. Deve ser espetacular! Pensei que por aqui não existisse ficção.

— A ficção é uma forma de mostrar e contar histórias que ocorreram sem melindrar ou ferir os sentimentos dos que a estão vivendo na vida real. Jesus contava histórias de ficção baseado na realidade.

Cocei a cabeça, surpreso. Era verdade. Jesus contara muitas histórias de ficção. Conversar com esses amigos mais evoluídos é uma glória! Para tudo têm resposta.

— Quer dizer que os artistas voltam da Terra e reassumem aqui suas atividades?

— Muitos deles, quando estão em condições. Você sabe, na Terra essa profissão é muito perigosa. A arte deve levar aos homens sua contribuição espiritual, conduzindo sua sensibilidade para o belo, educando-lhes os sentimentos, reconduzindo-os ao criador, que é o artista supremo. Mas eles, em grande maioria, envaidecem-se tocados pelos bajuladores e acabam por mergulhar em processos obsessivos dolorosos e dos quais gastam muito tempo para sair. Mas, ainda assim, temos aqueles que logo começam a trabalhar. O caso de Carole Lombard é um deles.

Arregalei os olhos, curioso. Conhecera a linda Carole Lombard, esposa do famoso Clark Gable e que morrera tragicamente.

— Como você sabe — continuou ele —, ela fazia shows para os soldados durante a Segunda Guerra Mundial e sofreu um desastre de avião justamente quando exercia essa tarefa. Passado o primeiro abalo, essa bela e valorosa mulher desejou continuar suas atividades e obteve permissão para voltar aos campos de batalha e trabalhar.

Fiquei abismado:

— Campo de batalha? Na Terra? Como assim?

— É simples. Você não ignora que há, próximos aos locais de combate, postos de socorro onde se presta o atendimento aos que desencarnam na luta sangrenta. Essas criaturas, quando conseguem ser recolhidas, permanecem longo tempo em tratamento nesses postos em tristes condições perispirituais. É um hospital como os da Terra, com a diferença de que assiste espíritos desencarnados.

— Eu não sabia! E os artistas dão espetáculos lá?

— Naturalmente. A arte, bem conduzida, é excelente terapia de recuperação.

— É verdade.

— Pois bem. Lá estão Al Johnson, Clark Gable, Tyrone Power e tantos outros. Carole Lombard, assim que voltou da Terra, não interrompeu suas atividades; continuou atendendo e animando, com sua bela figura, seu sorriso, os pobres soldados.

Suspirei enlevado:

— Que beleza! Como Deus é bom! Mas você mencionou Tyrone Power, Clark Gable; esses desencarnaram muito depois da guerra ter acabado.

— Você pensa que o armistício na Terra liquida o assunto? Não é tão simples assim. Aliás, a paz na Terra tem sido mera aparência. As batalhas sangrentas continuam em várias partes do globo. Vietnã, Biafra, Oriente Médio, Rússia, China; onde há paz? Diariamente desencarnam na Terra, pela violência, grande contingente

de espíritos. Pode crer que nossos hospitais de socorro estão apinhados.
— Isso é triste! — ajuntei, pensativo.
— É. E depois, estraçalhar é mais fácil do que recompor. Num segundo uma bomba estraçalha um corpo. A recomposição perispiritual é trabalho de anos e anos.
— Mas o perispírito não sofre a ação da mente? Por que demora tanto sua recomposição?
— Porque o espírito ainda não aprendeu a utilizar-se da sua força mental. Em verdade, pelo ódio, pela revolta, pelo desânimo, ele anula as possibilidades de recomposição rápida. Daí o valor da terapia musical, do espetáculo que eleve essas mentes, chamando-as a outros rumos, sensibilizando-as, elevando-lhes o moral.
— Puxa! Nunca pensei que o artista fosse tão importante! Deus do céu, vocês já pensaram como seria bom se eles, quando encarnados na Terra, soubessem de tudo isso?
Será que vão acreditar em mim? Tudo isso ainda me parece um sonho espetacular. Como o mundo é maravilhoso. Como tudo é belo! Como Deus é bom!
Hoje estou particularmente feliz. A vida é dádiva extraordinária. Poder estar aqui, saber tudo isso, contar a vocês...
Sentimo-nos tão pequenos e ao mesmo tempo tão importantes, observando o que podemos fazer de bom e de útil para melhorar o mundo.
Não acham que tenho razão?

Temperatura

Como é bom estar de volta! Visitar a Terra, meus amigos, minha gente. Apesar do frio que vocês sentem na pele, podem avaliar o calor que nos aquece a alma por estarmos aqui. A noite fria e chuvosa não me incomoda. Vocês sabem, fantasma não sente frio nem calor, muito embora os homens ainda acreditem que existem almas a contorcerem-se no fogo do inferno.

Não vou dizer também que tudo seja ilusão, porque só quem viu ou sentiu os sofrimentos que podem "queimar" as almas na dor e na angústia sabe que eles talvez sejam muito piores do que o inferno imaginário transformado pelos homens em bicho-papão de toda a humanidade.

E são piores mesmo. Mas, esqueçamos as coisas tristes, porque, se o fogo do inferno queima e inferniza nossos pesadelos, o frio também pode ser instrumento de dor.

Já pensaram num inferninho todo de gelo, sem um pouco de calor para nos aquecer? Sem sol nem lareiras, onde tiritássemos perambulando, sentando-nos em cadeiras de gelo, dormindo em camas geladas e nos alimentando de sorvete?

Fico arrepiado só em pensar. Ninguém ainda inventou esse tipo de castigo, e acho até que acabo de sugerir alguma coisa nova, se não fosse irreverência de minha parte, ao próprio Satanás do mundo.

Sim, porque eles andam soltos por aí. Por incrível que pareça, escondem-se reencarnados em corpos por vezes bonitos e bem-vestidos, e em fisionomias de aparência tranquila e equilibrada.

Estão admirados? Pois é a pura verdade. Se esperavam encontrá-los apenas no mundo dos espíritos como companheiros dos homens, seduzindo-os nas tentações do mundo, armando boas ciladas aos anjos guardiões, estão muito enganados.

Embora muitos ainda se repitam nesses velhos papéis no mundo dos espíritos, outros estão como homens na Terra, levando vida normal, misturados com os demais.

Não acreditam? Posso provar.

Por que pensam que a moral anda tão decadente? Por que tantos crimes e tanto desrespeito à pessoa humana? Por que tantos lutando pela paz e tanto sangue derramado? Por que tanta viciação e tanto sexo degenerado? Por que tanta literatura a serviço do mal?

Vocês podem alegar que os homens o fazem inspirados pelos demônios impenitentes. Nós, contudo, podemos esclarecer que quando o homem não quer, ninguém, nem mesmo um ser diabólico voltado ao mal poderá induzi-lo.

Acham que estou sendo severo? Surpresas da vida neste plano. Quando estamos na Terra, apraz-nos dividir responsabilidades. É-nos muito mais fácil culpar os espíritos e sua influência infeliz pelos malefícios que grassam na Terra; no entanto, quando observamos aqui a luta dos benfeitores e assistentes espirituais para salvar os homens das próprias fraquezas, nos perguntamos atônitos: onde, realmente, está a causa da obsessão?

É, falar da temperatura, do frio e do calor não é difícil, mas entrar nos emaranhados e complicados problemas da mente humana, só para os entendidos. Eu não tenho condições.

Só quero dizer que me aquece o coração estar aqui, nesta casa que aprendi a amar, e poder dizer que sou muito feliz.

Alguém poderá me compreender?

Viagem

O espaço é nosso. Já pensaram nisso? Toda a imensidão nos pertence. Não é mania de grandeza, não, tudo é nosso e precisamos vencer as barreiras que nos prendem a conceitos arcaicos.

Sabem lá o que é ter-se a certeza de que nós não estamos delimitados dentro do nosso amado e sofrido mundo terreno?

Às vezes fico pensando na singularidade da nossa maneira de ser. Gostamos tanto do nosso mundo material, estamos tão bem acomodados na "casca", que almejamos sair para outros mundos com tudo isso. Com nosso corpo material, nossas espaçonaves, nossos costumes, nossos hábitos, nossos alimentos, etc.

Mas acontece que sair assim, além de ser perigoso, é ainda muito dispendioso. Poucos têm a possibilidade de fazer isso, por existirem certos requisitos de saúde etc., etc., que dificultam ainda mais essas escapadas.

E, quando o conseguem, ainda não podem ir muito longe. Já pensaram como nós podemos viajar por esses espaços sem essas dificuldades?

Muitos pensarão que isso só poderá se dar depois de virarem fantasmas como nós, mas outros ainda acham que podem fazer isso na Terra mesmo, procurando sair em viagens astrais, tão perigosas quanto as primeiras, porque se a máquina pode falhar e destruir o corpo dos astronautas, o viajor espiritual improvisado pode enfrentar perigos que desconhece, mas que nem por isso deixam de ser tão reais e funestos quanto os primeiros.

A estas alturas vocês estarão pensando: como então vamos conquistar o espaço? Como astronautas é impossível, como fantasma o preço é muito caro, como encarnados pela mediunidade é ainda mais perigoso. Poderemos um dia conquistar o espaço?

Vocês já pensaram que o espaço não existe? Pois é. O espaço vazio como o imaginamos realmente não existe. Tudo é movimento, vida, atividade. Sabem o que descobri?

Atividade dirigida. Dinâmica dirigida. Tudo planejado. Tudo perfeito. Vocês já pensaram nesses termos? Pois bem, nós também estamos nesse planejamento. E posso afirmar que tudo isso gira em nosso benefício.

Sabem que somos importantes na Criação? Somos seres pensantes. Parece pouco? Pois eu acho que é muito (apesar de termos muitas vezes pensado mal). Isso significa que tudo é nosso! Que o mundo e toda a Criação são nossos! Não pensem que estou sendo exagerado. Afinal, para quem Deus usou seu talento na obra da Criação? Em quem centralizou suas leis e suas maravilhas? Para nós. Para os homens. Duvidam disso? Pois é a pura verdade.

Tudo é nosso. Por que estamos tão pobres, por que estamos tão sofridos, por que a vida nos parece fechar todas as portas? Porque não assumimos nosso papel de astronautas do bem no mundo feliz da harmonia universal.

Já pensaram? Nem foguetes, nem fantasmas, nem transes mediúnicos, mas esforço diário no trabalho da disciplina, exercendo o controle da máquina das nossas ações para a viagem da Evolução.

Que beleza! Conduzirmos nossos espíritos pela eternidade afora, tendo como veículo nessa viagem a caridade completa, tão completa que atinja a própria integração do ser com a Divindade! Puxa! Já pensaram como isso seria fascinante? Puderam imaginar como nos sentiríamos nessa viagem?

Pois bem, o espaço é nosso, o mundo é nosso, o universo é nosso. O preço da passagem é que nós não nos dispomos a pagar: a renúncia, a renovação. Isso requer esforço, mas, pensando bem, não acham que sempre valerá a pena tentar?

A Lição

Os estudantes são marotos. Alguém duvida? Acho que não. Espreitam sempre a hora de malhar as fraquezas dos outros. Por quê? Será por não terem ainda assumido "o lugar" adulto que os espera no campo profissional? Será um pouco por vingança, por se sentirem ainda como parte de um grupo considerado carente de conhecimentos? Não sei. Mas são marotos. Divertem-se explorando as fraquezas dos colegas, dos professores e até dos familiares.

Por isso, sempre que envergamos a pele do estudante, cada um de nós tem procurado manter ocultos seus pontos fracos. Os apelidos bem-postos por vezes nos têm desmascarado. Isso nos acontece na Terra, quando, reencarnados, passamos pelo período da adolescência.

Assim pensava eu, mas por incrível que pareça, por aqui a coisa continua. Vocês pensarão: como pode ser? Estudantes marotos no plano espiritual?

Há quem pense que em nosso mundo estejamos todos compenetrados das nossas responsabilidades e sejamos fantasmas circunspectos e respeitáveis, naturalmente excetuando os infelizes irmãos do umbral.

Devo dizer que não é bem assim. Como poderia eu, irreverente e imaturo em muitas coisas, com uma verve de humor incontrolável, sentindo-me moleque e jovem, embora tenha vivido muitos anos na Terra, tornar-me de repente sóbrio e disciplinado?

Pois é. Assim como eu, existem muitos outros. Adolescentes em espírito, carregando a malícia e o gosto pelas brincadeiras, a tal ponto que por vezes esquecemos que deixamos a Terra e estamos nas dependências do mundo dos espíritos, que, pela gravidade da situação, imaginávamos sério e bem-comportado. Mas como poderia ser sério e bem-comportado se nós estamos vivendo nele? Como poderia ser equilibrado se nós, criaturas humanas, nos transferimos para cá e ainda não conseguimos melhorar o suficiente? Assim poderão compreender a nossa sala de aulas. Por que frequentamos uma por aqui: Curso de Responsabilidade. Não que eu não a tivesse tido na Terra. No que se refere a minha vida pessoal, sempre cumpri com meus deveres, saldando os compromissos com pontualidade. Mas o problema da responsabilidade vai além.

Nosso modo de viver, nossas mensagens e imagens, tudo quanto fazemos é registrado pelos outros, e dessa forma nossa influência pode mudar seu comportamento e interferir no seu livre arbítrio. Portanto, precisamos saber como proceder.

Quantas coisas fizemos motivados pelos exemplos de outras pessoas? Vai daí que, quando erramos, podemos arrastar conosco várias pessoas, e embora elas sejam fracas e também responsáveis, não deixamos de ter concorrido para isso.

Mas o pior mesmo não é isso. Todos nos influenciamos pelo comportamento ainda falho e leviano, e somos enleados pelos fios incontáveis dos compromissos recíprocos, solicitando reajuste. O mais grave é o líder, o escritor, o homem que transmite uma mensagem e os outros aceitam. O que tem verve para ser ouvido, acatado. Suas palavras são repetidas, saboreadas, compreendidas. Ele por certo é aceito pelos que estão em sua faixa de gravitação mental, no mesmo nível em que se expressa; mas vejam bem, mesmo assim isso não o exime de responder pelo que disse ou fez, já que ele poderia melhorar e elevar essas criaturas que o aceitam e admiram.

Sim, meus amigos, a responsabilidade do escritor, do contador de histórias, do literato, é muito grande.

Nesse curso estamos vários autores, muitos célebres no mundo, o que me deixa menos triste, porquanto eu, ao lado deles, represento nada. Conforta-me saber que se até eles erraram, eu então até que posso me considerar menos ruim. Mas que tal é o curso? Filmes nos mostrando a trajetória com todas as consequências de uma obra escolhida como tema. Vocês sabem que eles têm um registro de todos os acontecimentos do mundo e, o que é mais interessante, abrangendo as várias dimensões da vida ao mesmo tempo? Terei sido claro?

Ver ao mesmo tempo o que aconteceu na Terra e na dimensão do nosso mundo é tão emocionante que supera o filme mais bem urdido por Hitchcock. Ver o homem encarnado agindo, seus pensamentos, os pensamentos dos outros homens que com ele se relacionam e ainda os vários espíritos que os acompanham tentando influenciá-los, alguns para o bem, outros para o mal.

Ah, que torcida! Vocês podem imaginar. Os bons são os "mocinhos" simpáticos, os "maus", os bandidos. O pior é que os homens muitas vezes ouvem mais os "bandidos" do que os "mocinhos". O que fazer? Afinidade é lei da natureza.

Somos mais de cinquenta estudantes nessa classe. A cada dia eles focalizam uma obra de um dos alunos, mostrando sua trajetória. Já pensaram como é emocionante para um escritor lançar uma edição e poder acompanhar cada livro, saber quem o manuseou, o que sentiu, como o recebeu, que sentimentos provocou neles, quais as implicações emocionais resultantes, sua opinião a nosso respeito?

Não acham formidável? É..., nenhum de nós podia imaginar uma coisa dessas. Cada dia é um na berlinda, e nós, apesar de edificados com a aula, não conseguíamos nos libertar do prazer maroto de dissecar intelectualmente nosso companheiro em foco.

Mas como a justiça é mãe de todos, veio lá o dia em que assistimos, num teatro de São Paulo, à representação de "No País dos Cadilaques".

Pela primeira vez perdi o dom da palavra. Fiquei mudo. Apesar de não ser peça pornográfica, os enfoques eram maliciosos, e pude ver como a imaginação ágil dos espectadores vestia e desvestia minhas ideias, conduzindo-as a extremos verdadeiramente lamentáveis.

A crítica aos costumes que eu me orgulhava de haver formulado assumia forma grosseira e sem expressão, pela maneira com que eu expressara minhas ideias.

Vi, estarrecido, espíritos perturbadores, em atitudes zombeteiras, colarem-se a alguns desses assistentes de forma tão repelente que me fez empalidecer.

Quis sumir dali. Não ter jamais escrito nada, ser analfabeto e burro. Mas não pude. Tive ainda que acompanhar vários deles depois do espetáculo, para ver onde e a que extremos minhas imagens os conduziriam.

Confesso que não tive a intenção de brincar, embora os colegas, por sua vez, tirassem sua desforra da minha cara sem graça.

Saí da aula sério, pensativo, sóbrio e circunspecto.

É..., sei que preciso mudar. Muitos na Terra não vão acreditar em mim, mas vocês, que são meus amigos e com quem eu tenho conversado tanto, acham que depois de tudo isso eu poderia ser o mesmo?

Não acham que todos temos o direito de melhorar?

As Corridas

Vocês já foram assistir a uma corrida de cavalos à noite? Bonito, não é? A grama verde, bem-tratada, o cenário regiamente iluminado, a multidão bem-vestida que lota as dependências do prado. Como é agradável! Ver a elegância das mulheres bem-cuidadas, o porte bem--escovado dos cavalheiros e bater um papo com os amigos.

Pode-se falar de tudo, sem preocupação; de teatro, de cinema, de política, e até de negócios. Pode-se fazer um "esquema infalível" para as apostas e saborear as emoções do turfe.

Durante o espetáculo, as emoções, os rostos contraídos, a dissimulação na derrota, a alegria orgulhosa da vitória. É bonito, não é? Bonito e agradável. Eu, quando na Terra, por vezes gostava de ir até lá. Nunca fui *expert* no assunto e confesso que o jogo não me atraía, mas observar as pessoas, os tipos, as emoções, sempre me agradou.

Quem gosta de escrever não tem melhor motivo para seus argumentos do que o ser humano, sempre imprevisível e original. Tão original que por muitas vezes a realidade acaba excedendo a ficção.

Mas escrever requer conhecimento da personalidade, e em nenhum lugar se pode observar as criaturas como nesse belo espetáculo, com os lindos e bem-cuidados puros-sangues, seus jóqueis coloridos e franzinos, galopando com garbo e ligeireza.

Assim, desse contato nascem por vezes nossos personagens e vivem na realidade do povo.

Visitando a Terra agora, para mim muito diferente de como a via quando vivia na carne, redescubro encantos novos. Vejo-a multidimensionada. Além do mundo mais denso de vocês, vejo o meu mundo, a dimensão de vida onde me encontro, e isso modifica tudo.

Como explicar? A densidade do mundo material limita a percepção dos homens, reduzindo-a quase aos cinco sentidos, que estão, por sua vez, dimensionados em faixas restritas e limitadas. Nós os vemos. Podem entender? Nós vemos a matéria densa da Terra mais intimamente, e além disso, a matéria mais rarefeita do mundo onde estamos agora, surpreendentemente sólido e objetivo para nós.

Parece complicado? Parece apenas, porque é tudo muito natural, como se tivéssemos possibilidade de colocar uma nova lente em nossos olhos, mais potente, mais clara.

Pois é. Isso muda muito a paisagem para nós. Já dizem na Terra que nem tudo o que reluz é ouro, e posso afirmar que é verdade. Aprendi, nessas visitas que tenho feito ao nosso querido mundo terreno, como a beleza e a calma da natureza atenuam a realidade do pensamento humano.

Podemos ver um infeliz alcoólatra estirado na sarjeta, mas a paisagem ao redor continua tranquila, o céu pode estar azul, as flores podem recender perfume e os pássaros continuam seus cantos alegres e festivos. Há calma e paz ao redor dele. Isso ocorre do nosso lado. Podemos ver o quadro completo, que a bondade divina vetou à curiosidade humana. Os vírus que corroem o organismo, a degeneração dos tecidos, a emanação de energia negra e viscosa de sua mente, sem falar dos companheiros infelizes que coabitam aquele corpo.

Por isso podem perceber como a nossa paisagem é outra, bem diversa da que conhecíamos.

Uma noite dessas fui às corridas aqui em São Paulo. Acham que um fantasma que está se evangelizando não deve ir a esses lugares? Mas eu fui. Não para bisbilhotar, mas para saber como é. Sou curioso. Quem não é? Afinal, ninguém aprende sem investigar. Fui lá para observar e talvez escrever. Curiosidade literária. Confesso que me decepcionei. O ambiente terreno está bem modificado. A elegância de antes já não é uma constante e nota-se a popularização do espetáculo. Não que eu seja esnobe, mas dava gosto ver o povo bem--vestido. Entretanto, a beleza local e do espetáculo ainda é a mesma. Só para mim ficou diferente. Surpreendeu-me a quantidade de trabalhadores do bem nesse local. Na realidade, cada uma das pessoas, na maioria, não estava só. Já entravam no prado acompanhadas por alguns elementos infelizes do nosso plano, o que colocava de prontidão os espíritos amigos e guardiões dessas almas.

Podem compreender? Cada um entrava com suas companhias habituais. Até aí, nada de novo; porém, o que me surpreendia é que havia um grupo de "fantasmas" que aguardavam suas "vítimas" lá dentro.

Segundo pude observar, era um grupo bastante numeroso que trabalhava em conjunto, sob a chefia de uma entidade de olhos brilhantes e magnéticos que, confesso, fez-me sentir um arrepio desagradável. Antes da chegada do público eles já se tinham agrupado. Eu, naturalmente, invisível a eles, o que sempre me delicia.

Reunidos, falavam animadamente, estabelecendo planos de ação. Estarrecido, pude compreender que muitos deles, sofridos e revoltados, mostravam-se empenhados em um plano de vingança, na revanche de outros tempos. Esperavam as vítimas deliberadamente com o fim de arrastá-las ao vício e à miséria material e moral. Acercando-me dos trabalhadores do bem que discretamente se reuniam em prece, quando se fez oportuno indaguei, assustado:

— Eles vão mesmo "atacar" suas vítimas?

Um simpático atendente respondeu, solícito:

— Não duvide. Estão muito bem preparados. Para isso lutam há muito tempo.

Fiquei preocupado.

— Não seria possível detê-los?

— De que forma?

— Falando com eles, esclarecendo, impedindo-os pela força, se preciso.

O assistente sorriu com tranquilidade.

— Acha possível? Nunca esteve aqui antes, com certeza.

Abanei a cabeça, meio sem graça. Ele continuou:

— Eles já foram advertidos de todas as formas possíveis. Não aceitam conselhos, estão revoltados, cegos. Não podemos intervir pela força. Não temos esse direito nem permissão. Cada um é livre para semear.

— E a vítima? Como pode se defender?

— Eis o problema. De todas as formas nós procuramos esclarecer, emitindo pensamentos bons, mostrando-lhes os perigos a que se expõem alimentando paixões inferiores. Temos conseguido alguns resultados, mas quase sempre o indivíduo se atira ao vício prazerosamente, e, a partir daí, nada podemos fazer. Os irmãos infelizes assumem o comando, concretizando seus objetivos de vingança e destruindo anos e anos de esforço para a redenção daquela criatura com a reencarnação. Que fazer? É a escolha de cada um. Somos livres para experimentar.

Olhando as fisionomias sinistras e duras de alguns amigos que nos portões principais aguardavam suas vítimas, senti medo. Esqueci o espetáculo, o cenário da natureza, os trajes, tudo.

— Não há nada que possamos fazer? — indaguei, aflito.

— Nossos recursos são poucos. O ambiente mental aqui é difícil. Muitas vezes conseguimos influenciar os iniciantes, fazendo-os perder grandes quantias. Assim, os afastamos temporariamente. Mas também nossos opositores lutam para que eles ganhem; então, se conseguem, o indivíduo se entusiasma e mergulha na ambição e no vício.

— Quer dizer que temos de fazê-los perder? — indaguei admirado.

— Claro. Se você perdesse desde o início, continuaria a jogar?

Comecei a pensar que nunca tivera sorte no jogo. Sempre considerara isso um "azar", e não é que fora um bem? Que sorte! Minha defesa deve ter funcionado, porque senão, quem sabe a estas horas eu estivesse em piores condições? Afinal, quem poderia pensar?

Olhei o fantasma mal-encarado que aguardava no portão.

— Ele espera a vítima que seu companheiro foi buscar. Um jovem de vinte anos que já está envolvido completamente.

— Quer dizer que sua ação não se circunscreve aqui?

— Certamente que não. O trabalho é mais completo. Elementos são destacados para acompanhar a vítima, trazendo-a para aqui.

— Ele poderia evitar?

— Certamente, se o quisesse. Mas a esta altura, quando a simbiose já se processou, dificilmente terá forças para sair sozinho.

— Obsessão?

— Sem dúvida. Mas não podemos nos esquecer que a própria vítima, se é que podemos chamar assim, permitiu o envolvimento e até facilitou. Diante disso, o que podemos fazer?

— O trabalho de vocês é difícil e sacrificante — ajuntei, admirado.

— Muitas vezes não saímos do que vocês, médicos, chamam de profilaxia, buscando evitar que façam novas vítimas, influenciando os iniciantes. Se conseguimos afastar alguns, nos consideramos satisfeitos.

Sorri ante a alusão à minha profissão na Terra. Não há o que se oculte desses amigos percucientes.

Parei para observar. A noite estava linda, o céu cheio de estrelas. As luzes feéricas. Os rostos alegres e os trajes coloridos das mulheres, suas joias, seu perfume. Os cavalos, belíssimos, garbosos, já se preparando para a largada. Tudo parecia alegria e tranquilidade.

Vislumbrei, entre todos os rostos, um, pálido e tenso. Um jovem. Ao lado, o fantasma do portão abraçando-o firme.

Não pude mais tirar o olhar do seu rosto. As emoções sucessivas, a tensão, o desgaste emocional, o "azar" repentino, o dinheiro que furtara da mãe para jogar. Senti náuseas.

Onde a beleza da noite estrelada? Onde o espetáculo elegante? Onde o brilho do entretenimento social?

Fiquei melancólico. Que fazer? Quisera trazer a vocês sempre alegres realidades. Mas hoje, escolhi sem querer um triste local para visitar. Podem me perdoar?

Volitação

Vocês já ouviram falar em volitação? Certamente que sim. Mas vocês já experimentaram volitar? Aí é que eu acredito que vocês fiquem embaraçados.

Há quem se lembre de ter "voado" em sonhos, há quem, em estado de sonolência, tenha se sentido cair, despencar, com desagradável sensação de susto ou de insegurança. Isso porque o corpo denso impossibilita o uso dessa faculdade a quase todos os espíritos reencarnados.

Quando estamos na Terra, poder volitar se nos afigura um poder fantástico que nos transformaria em "super-homens" ou em algum outro personagem de história em quadrinhos.

Mas volitar é uma possibilidade tão real para o espírito que ele pode fazer isso naturalmente e com a velocidade do pensamento.

Vocês duvidam? Têm esse direito, mas isso não modifica a situação, apesar de tudo. É bem verdade que, por causa disso, há muitos espíritos fora da carne que caminham por aqui utilizando os próprios pés, à maneira terrena, condicionados por um automatismo que a mente alimenta. Eu também caminhei assim à maneira da Terra, até descobrir que podia utilizar outros meios de locomoção além dos animais, dos ônibus ou dos aviões.

Vocês me acreditariam se eu lhes contasse que aqui ainda existe quem prefira o lombo de burro ou o carro de boi, tanto quanto os aviões ou os ônibus?

Em minhas andanças na Terra tenho visto, admirado, espíritos desencarnados entrarem na fila do ônibus, esperar pelo táxi, e há até alguns que, não tendo tido chance de fazer uma viagem ao redor do mundo quando vestiam a carne, realizam esse desejo, divertindo-se em conhecer lugares históricos, ficando em ricos hotéis ou iates de luxo — hoje, aliás, pouco numerosos. Eles se comprazem em fazer turismo e em participar da vida social da elite.

Certa feita, quando eu acompanhava um amigo encarnado em uma dessas viagens, preocupado porque ele estava na iminência de ter um enfarte e eu me propusera a assisti-lo, se necessário — naturalmente sem que ele me visse, porque, além de não crer em fantasmas, ele ficaria apavorado —, presenciei um caso assim.

Confesso que me deliciei nessa viagem revendo o cotidiano dos privilegiados sociais, com os entretenimentos habituais dos navios de luxo e a disposição dos viajantes de aproveitarem tudo, muitos dos quais realizando um sonho há muito tempo acariciado.

Eu pude observar um espírito que viajava como turista, divertindo-se a valer. Não me contive. A experiência era inusitada. Espírito turista, eu nunca tinha ouvido falar.

Sintonizei com ele para ser notado e me aproximei, entabulando conversação:

— Como é lindo o dia, não? — Era alto, elegante, vestia-se com roupa esporte e aparentava uns quarenta anos.

— É — respondeu, bem-humorado. — Está ótimo. Tentei sentir-lhe o pensamento. Estava calmo.

— Não o tinha visto antes — tornou ele educadamente.

— Cheguei hoje — esclareci.

— Como veio? Algum avião especial?

— É — tornei, embaraçado. Estávamos em alto-mar.
— Você deve ser importante. Esperei toda minha vida por essa hora. A viagem era meu sonho quando vivia na Terra.
— Ah! — fiz, aliviado. Ele sabia! Como podia ser? Ele continuou, alegre:
— Trabalhei como funcionário público toda minha vida. Jamais pude sair dos limites do meu Estado. Eu sou do Rio de Janeiro. Mas colecionei todos os roteiros de viagens e sonhei ganhar no bicho para poder realizar esse desejo. Nunca pude. Casei, tive dois filhos e aí, então, vivia enforcado.

Curioso, indaguei:
— E agora? Como conseguiu?
— Bem, a princípio não pensei que pudesse. Fui doente durante muito tempo, e depois que deixei a Terra, não sarei tão depressa quanto se diz. Sempre pensei que quando a gente morresse pudesse ver tudo, saber tudo, e que as doenças eram do corpo.

Bateu no meu ombro amigavelmente e continuou:
— Puro engano. Tive que ir para o hospital. Lá, fui muito bem-tratado; afinal, acho que nunca fiz mal a ninguém. Mas eu não conhecia pessoa alguma. Outro engano meu, eu pensava rever meus parentes mortos. Ninguém me estava esperando. Então eu pensei: onde ir? Uma enfermeira gentil queria levar-me a uma colônia de recuperação, dizendo que eu precisava refazer-me, mas eu acho que ela tinha intenção de me abrigar, acreditando que eu não tivesse como me manter. Não gosto de ser pesado aos outros. Sei cuidar de mim.

Olhei-o, e a custo consegui esconder a estupefação. Estava falando tranquila e educadamente.

— Continue — pedi.
— Bem. Insistiram para que eu ficasse, mas resisti. Afinal, estava morto. A escravidão tinha se acabado. Não era mais o funcionário público, estava livre do casamento, dos filhos, do aluguel, do alfaiate, do mercado, do hospital, do horário, de tudo. Queriam aprisionar-me de novo. Acha que eu iria?
— Eles não queriam prendê-lo, queriam ajudar a sua recuperação — arrisquei, cauteloso.
— Sei que tinham boa intenção, mas eu tinha sede de viver, ver o mundo, ser livre. Saí do hospital deliciado, sentindo o gosto da liberdade! Pode imaginar o que seja?
— Posso — respondi convicto.
— Sem rumo, aonde ir? Isso certamente me apavoraria quando na carne; aqui, me fascinava. O mundo era meu! Tudo quanto me fora proibido pela falta de dinheiro aqui eu poderia fazer. Tomei um ônibus e calmamente viajei, sem pensar no troco, no cobrador irritadiço, nos empurrões e no cheiro de suor. Isso não me afetava. Fui a uma agência de viagens e lá procurei saber do próximo cruzeiro. Queria viajar, ver outros povos, outros países; agora, aqui estou.

Parecia simples. Mas eu estava admirado.
— Está apreciando a viagem?
— Muito. A comida é de primeira, as bebidas são estrangeiras, e os divertimentos muito agradáveis.
— Você se alimenta bem? — indaguei, curioso.
— Muito bem. Você sabe, a comida é muito bem-feita e muito variada.
— Mas como você pode comer sem corpo?
Ele riu da minha ingenuidade.
— Você passa fome?
— Não. Tenho o suficiente.

— Pois eu posso escolher conforme o meu capricho. Há pessoas de gostos diferentes, e é só ligar-me a elas e apreciar. Elas ficam alegres, nem percebem que dividem comigo. Apesar de conhecer o assunto, fiquei um pouco chocado.

— Não acha que poderia passar sem isso? — aventurei com naturalidade.

— De modo algum. Como poderia ficar sem comer? Agora preciso ir. Vou jogar um pouco de pôquer. — Diante da minha estupefação, ajuntou: — É divertido. Posso ver as cartas do adversário e escolho o meu parceiro, ajudo-o a jogar. Ganhamos sempre, é claro. Depois, festejamos juntos, bebendo um pouco ou namorando belas mulheres. Agora preciso ir. Acho que já vi sua cara em algum lugar. Por acaso morou no Rio de Janeiro?

— Morei — respondi, meio sem jeito.

— Onde será que já nos vimos antes?

Ele se foi, contrafeito; custou-me um pouco aceitar aquilo a que acabara de assistir. Durante vários dias que passei no navio, ou que a ele voltei para ver meu amigo, pude observá-lo, alegre, ativo, sempre ao lado de algumas pessoas às quais envolvia com facilidade, participando de suas vidas.

Parece injusto isso? Não tenho capacidade para julgar. Mas até quando ele permanecerá assim? Só Deus sabe. O que eu notei é que ele, apesar de tudo, só passava por portas abertas, caminhava como os demais, e inclusive mudava de roupas conforme a hora e a atividade, o que me surpreendeu muito.

Como um espírito inteligente pode se prender assim? É difícil saber. Mas volitar é algo diferente e muito agradável. É pensar e ir, sem esforço nem dificuldade, até o local onde deseje. Mas não pensem que a gente não sente nada. Dá assim como um calor no peito, e se eu pudesse encontrar uma analogia para explicar em linguagem humana, diria que é como se houvesse uma hélice girando no peito, dilatando o coração, como que exteriorizando energia e simplesmente indo.

Será que compliquei muito? Espero que não. Afinal, sonhar que se está caindo ou voando, embora possa ser desdobramento do espírito, não é a volitação consciente, pela ação da vontade e em plena lucidez.

Estão com inveja de mim? Pode ser, mas na hora de comprar a passagem de volta ninguém acha que está na hora.

Sabem lá o que seja volitar, sem filas nem congestionamentos, sem dinheiro nem bagagem?

Em todo caso, preciso esclarecer que, apesar do que vi, nem sempre o espírito consegue se transformar em turista depois da morte. Não planejem viagem desse porte, porque aquele pobre amigo, depois de algum tempo, foi recolhido a um sanatório de uma colônia extraterrena em péssimo estado, viciado em álcool, em jogo e em dolorosas condições.

Quando me interessei pelo seu caso, fiquei sabendo que ele, em encarnação anterior, tinha sido um estroina que botara fora a fortuna paterna, e depois de longo sofrimento, deliberara renascer, tendo solicitado como auxílio a falta de dinheiro, os encargos de família, o emprego contensivo.

Triste, não? Aguentou tudo na carne, mas, assim que pôde, realizou tudo de novo.

Por isso, amigos, turismo mesmo, só com finalidade do bem. Acham que estou sendo grave?

Se eu fosse vê-los à noite, vocês gostariam de aprender a volitar comigo? É um treinamento útil para mais tarde, mas, antes de concordar, procurem ter certeza de que sou eu mesmo. Combinado?

Astrologia

Vocês acreditam na influência dos astros? Ninguém pode negar que eles influenciam os ciclos ecológicos e movimentam de certa forma as forças da natureza. Será que eles têm influência em nossas vidas? Por eles se pode determinar aspectos do nosso comportamento ou do nosso futuro?

Essas perguntas têm sido formuladas em todos os tempos, e há quem acredite que a resposta seja sim. Quanto a mim, não tenho condições para ir além da curiosidade, embora ainda pense que aceitar muito essa influência seja anular nosso livre arbítrio.

Mas o curioso é que, mesmo assim, todos lemos nossos horóscopos nos jornais ou revistas, e, mesmo querendo negar-lhes a veracidade com ar superior, intimamente guardamos suas previsões, respeitando-as.

Se o dia não favorece viagens, encontramos a maneira indireta de deixá-la para o dia seguinte. Podemos adiar o fechamento de um negócio ou de um contrato para depois, se os prognósticos foram desfavoráveis.

Isso, com o tempo, pode vir a tornar-se até uma dependência. Será que esses horóscopos são criteriosamente elaborados? Será que por vezes eles não são modificados, como tudo o mais, conforme os interesses do astrólogo?

Se nós sorrimos dessas extravagâncias, nem sempre elaboradas dentro das regras dos estudiosos da ciência, dela nos restando apenas o reflexo supersticioso de nossas crendices passadas, pessoas há que os leem como um oráculo, fascinadas pela magia cabalística de seus sinais esotéricos.

Esses escravos das forças dos astros conduzem suas vidas sob a vigência dessas elucubrações, e mesmo depois de mortos na carne, ainda permanecem jungidos a esse estranho fascínio.

Vocês não acreditam? Mas é verdade. Por aqui existem astrólogos, futurólogos, cultuadores de seitas das mais diversas, trazidas da experiência terrestre e que por vezes vêm a constituir-se, pelas mudanças de estado ou de vida, em verdadeiro sincretismo religioso.

Estão admirados? Por acaso, ao morrer, o espírito não encontra a verdade, a revelação do além, o instrutor que o esclareça e o encaminhe?

Encontra sim. Mas ele não aceita e não quer enxergar as coisas como são.

Vocês já experimentaram conversar com alguém que pertence a uma determinada seita e tentaram convencê--lo de que ela está errada?

Pois é, pura perda de tempo. Ele nem vai ouvir. As ideias são forças que o ser constrói e alimenta, e são muito difíceis de mudar. Às vezes só a dor, a doença, a provação podem fazer enxergar certas coisas. Por isso, o nosso panorama por aqui não difere muito do da Terra quanto ao homem em si e seus anseios.

A cada passo somos surpreendidos por coisas diferentes, e, embora vocês tenham motivos para estranhar, posso dizer que os astrólogos aqui continuam suas atividades, reunindo--se em sociedades organizadas com muitos seguidores.

Na Terra, vocês sabem que eles não têm união de classe. A concorrência não lhes permite. Aqui

continuam fascinados pelas descobertas novas deste mundo multidimensionado onde nos situamos.
É difícil aceitar? Mas existem. Pude visitar um desses grupos, liderado por um desses estudiosos, que desenvolvem intensa atividade e apresentam estatísticas verdadeiramente surpreendentes, fazendo retrospecto astrológico de várias encarnações de seus frequentadores, onde eles tentam demonstrar a influência das forças astrais no ciclo que movimenta o ser em sua evolução.

Conversando com o líder, uma figura simpática cujo olhar percuciente e alegre de quando em vez se abstraía, parecendo perder-se no infinito, percorri o prédio cheio de gráficos e aparelhos que eu, em minha inexperiência, classifiquei como semelhantes aos computadores da Terra, cheios de luzes coloridas, botões e com um planetário imenso, que faria inveja ao mais bem aparelhado observatório terrestre.

Inclinado a perguntar, fui informado que a esse grupo, respeitado pelo seu trabalho sério dentro da Astrologia, fora permitido construir esse observatório com seu próprio esforço e onde podiam prosseguir seus estudos e até colaborar na programação evolutiva, com apresentação de programas corretivos dos desvios ecológicos provocados pelos abusos humanos.

Não contive a curiosidade, surpreendido por um trabalho sério e inesperado, e indaguei:

— Vocês aqui têm um verdadeiro laboratório das forças que movimentam as energias da natureza. Eu pensei que a Astrologia só cuidasse do comportamento humano e das influências dos astros em nossas vidas.

Meu cicerone olhou-me calmamente e esclareceu:

— Quando desconhecemos o assunto, geralmente usamos os conceitos empiricamente. A ignorância e o abuso têm desvirtuado muito essa ciência, como, aliás, tem acontecido com todas as outras.

— Então os astrólogos, os criadores de horóscopos da Terra estão certos? Existe mesmo essa determinação dos astros disciplinando e conduzindo nossas vidas?

Ele parou, cofiou a barba grisalha que lhe emoldurava o queixo e respondeu:

— A Astrologia é uma ciência. Mas diríamos que seus observadores na Terra, deixando de lado os curiosos e os aventureiros, referindo-nos aos estudiosos, não possuem ainda elementos de observação mais acurada, como os que nos felicitam aqui. Eu mesmo, na Terra, há muitos decênios, dedicava-me ao estudo, acreditando que a destinação da Astrologia se reduzisse às previsões do futuro ou à análise da personalidade humana. Contudo, chegando aqui, após longo período de esforço, mercê de Deus, pude descobrir que sua finalidade é muito maior e mais profunda do que eu pensava.

Fascinado pela figura calma e simpática do meu interlocutor, eu ansiava por descobrir e compartilhar daquele mundo para mim desconhecido.

— Isso me surpreende. Se não for importuno, gostaria de saber mais.

— Você vai perguntar o que achamos da Astrologia e para que ela serve.

Sorri contrafeito. Nada como ser entendido logo. Ele continuou:

— Venha comigo.

Em frente a um painel redondo de mais ou menos um metro de circunferência, ele acionou um botão e pude ver sua superfície, como uma tela de TV da Terra, tomar a coloração alaranjada; depois, tornou-se azulada, e milhares de partículas alaranjadas apareciam, circulando como um cone. Achei lindo ver, e ele esclareceu:

— Isto é apenas um pouco de ar terrestre, para teste. Esses tubos saem da esfera, são ligados a cada astro do Sistema Solar, dissociados, individualizados.

— Quer dizer que a Lua está ligada a um desses tubos, Marte a outro, etc.?

— Isso mesmo. A emissão energética da Lua está neste aqui, e como pode ver, tudo em separado.

— Como conseguiram? Como sabe que a influência de outros corpos não interfere?

— Temos aparelhos especiais e controlamos isso. Mas com esses tubos podemos observar sua emissão energética e sua absorção, em todo seu ciclo posicional e sua influência nos corpos da atmosfera terrestre.

— Mas isso é uma loucura! Como conseguem?

— Trabalho de longos anos e de muitos companheiros dedicados. Então, isolando cada condensação de matéria, cada movimento, inclusive da Terra, podemos notar a coordenação das forças da vida movimentadas ordenadamente nesse universo maravilhoso de Deus.

— Estou encantado, e confesso que é difícil entender toda essa ciência. Mas, diga-me... É verdade que têm procurado ajudar a reequilibrar a ecologia terrestre com esses métodos?

— Venha ver. Aqui neste gráfico, neste painel, há um mapa de uma região da Terra seriamente prejudicada pela detonação da bomba atômica.

No painel, acionado, surgiu uma paisagem terrena onde a terra estava ressecada e coberta de rachaduras. A desolação era assustadora colocada na multidimensão; a vida microscópica desorganizada provocara horrível ulceração, se é que podemos chamar assim, o que me causou grande mal-estar. Não pude evitar o arrepio de terror.

— Aí não há vida de forma alguma — aventurei assustado.

— É... Mas, acionando as forças de determinados astros, poderemos movimentar elementos e, com a ajuda do tempo, isolar essas aberrações, talvez requeimando-as com as larvas vulcânicas ou desencadeando as faíscas elétricas com tempestades que poderão conduzir novos germes de vida naqueles sítios, quando tudo estiver propício.

Eu estava mudo. Jamais pensara que os astros pudessem fazer tanto.

— E as pesquisas de reencarnação? Vocês fazem os horóscopos para quem vai reencarnar?

Apesar do meu tom de blague, ele percebeu que havia respeito em minha voz:

— Você está precisando de um?

Senti um arrepio de medo.

— Não por agora. Mas é possível?

— É fora de dúvida que a evolução e a vida se movimentam por ciclos onde certamente toda a natureza participa. Assim, não podemos negar que os astros influenciam a vida e atuam na movimentação cíclica dos seres.

— Quer dizer que é verdade? Os astros determinam o caráter e a personalidade do homem?

Ele riu, bem-humorado:

— Essa é uma inversão de valores muito comum ao homem da Terra. Dividir sua responsabilidade com os

astros é tão cômodo quanto acreditar no destino inexorável e fatal; proporciona-nos uma fuga à responsabilidade.
— Não estou entendendo...
— É fácil. Não são os astros que determinam nossas qualidades ou nossos vícios. Isso é uma variante do nosso espírito e de nossa inteira responsabilidade. Contudo, há uma lei de afinidade que determina a associação de forças e que condiciona os ciclos de cada pessoa de acordo com sua emissão de energia, e que a torna influenciável por esta ou aquela situação astrológica.
— E isso?
— Isso determina seus ciclos evolutivos no tempo, acionando sob que influência ela irá reencarnar, as épocas em que tais e tais lutas sobrevirão e, ainda, seu desligamento do corpo de carne se dará.
— Isso é fantástico!
— É apenas a natureza em movimento. E note que há o campo individual e o coletivo. É fascinante esse estudo.
Minha cabeça dava voltas. A grandiosidade da Criação e ao mesmo tempo sua integração e harmonia me deixavam mudo!
Quem diria! Os astros com força ativa na natureza. Que maravilha! Poderá haver felicidade maior do que conhecer a grandiosidade da Criação?
Olhei aquilo tudo com profundo respeito. Quem haveria de dizer! Senti-me muito pequeno diante do que pude perceber, mas, ao mesmo tempo, tão grande diante do vir a ser. Tanto o grande quanto o pequeno estão juntos na matemática de Deus. Gozam do mesmo carinho, da mesma proteção.
Quanto tempo ainda gastaremos para aprender?

Ontem e Hoje

Apesar do dia ser claro, quando chegamos ao local de socorro densa neblina nos envolveu. A equipe silenciosa de trabalhadores, habituada às tarefas, acendeu poderosa lanterna a nos guiar até uma charneca, onde se ouviam gemidos e lamentações.

A dor se estendia naquele campo onde centenas de almas jaziam em tristes condições.

Eu não comparecia como médico, mas como repórter. Assim, apesar de tocado nos sentimentos, perguntei ao amigo que comandava o grupo:

— Por que estão aqui? Por que não são levados aos hospitais para melhor atendimento?

— Estão aqui porque esta atmosfera é ótima para absorção dos resíduos mais densos. Tal como na Terra os doentes buscam as estações climáticas para restaurar a saúde física, estes sítios absorvem os elementos nocivos, possibilitando recuperação ao perispírito combalido. Só depois de escoados esses elementos, poderemos transportá-los para outros locais.

Eu estava admirado. Para mim era novidade. Que acontecimentos na Terra poderiam ter dado origem a tantos sofrimentos?

O assistente, lendo meus pensamentos, informou:

— A guerra é um deles. A violência e a intolerância representam tóxicos perigosos que imantam o corpo espiritual, acabando por lesionar a saúde física. Sofrendo o desencarne, o remédio é colocá-los por tempo indeterminado em locais como este, até que os resíduos destruidores sejam eliminados. Neste grupo estão também aqueles que se prenderam ao regime negro da escravidão. Esta multidão que você vê aqui compõe-se tanto de escravos rebeldes como de senhores cruéis. A violência é o fator preponderante.

Impressionado, aproximei-me de um ser no qual a custo consegui divisar a fisionomia transtornada. Homem branco, meia idade, rosto embrutecido, traços grosseiros, gemia murmurando palavras ininteligíveis.

— Procure ouvir o que diz — convidou meu amigo —, preste atenção.

Concentrei-me em sua mente e vi: ele moço, bonito, muito bem-vestido, dando ordens, senhor de engenho. Duro, oferecendo lautos banquetes, vigiando os escravos, onde a comida era péssima e escassa. A doença grassava pela falta de asseio e de alimentos. Até que ele desencarnou, envenenado por um escravo que se acumpliciara com a cozinheira. O ódio tomou conta dele, que durante anos perseguiu os assassinos; agora, exausto e sofrido, preparava-se para futura encarnação. Estava ainda muito revoltado. Pude ouvir o que dizia:

— Eu me vingarei! Malditos, eu me vingarei!

Meu amigo afagou-lhe a cabeça, dizendo-lhe com bondade:

— Perdoa e busca esquecer! Se quer melhorar, não pensa em vingança, perdoa!

Lágrimas copiosas começaram a rolar em suas faces pálidas.

— Ah! Se eu pudesse esquecer! Estou cansado... não suporto mais... farei qualquer coisa para isso.

— Perdoa! Perdoa agora. E nós poderemos recolhê-lo!

Pude observar que cenas do passado se misturavam aos sofrimentos do presente, onde ele lutava para vencer a raiva e a revolta. Por fim, cansando, caiu em prostração.

— E então? — indaguei, penalizado.

— Este logo estará em condições de receber socorro.

— Mas se ele deve esgotar resíduos e continua a alimentá-los pelo ódio, pode demorar muito a sair daqui.

— Certo. É por isso que depende unicamente deles abreviar ou alongar seus sofrimentos. Mas há casos melhores. Não pense que todos sejam assim. Muitos se conscientizam dos próprios erros e, arrependidos, pedem chance de recomeçar. São recolhidos em postos adequados, estudam, preparam-se e, com o carinho dos prepostos do bem, reiniciam vida sacrifical na Terra, onde, ao lado do resgate individual de seu passado, procuram trabalhar pelos que sofrem, condoídos e sensibilizados pelo que viram e sentiram neste vale de dor.

Respirei aliviado.

— Quer dizer que estão recuperados?

— Entre ser doente e ter chance de ajudar vai grande distância. Nota-se esforço e progresso; entretanto, a recuperação só se dará quando conseguirem realizar o programa a que se comprometeram.

— Ah... E agora, onde estão eles?

— Em vários lugares. Alguns deste lado da vida, preparando-se e já exercendo tarefas de socorro, mas grande parte já está reencarnada na Terra, onde dispõem de grandes recursos, uma vez que é na vivência que conseguimos experimentar e aprender.

— Serão privilegiados? Onde se escondem? Estarão no campo da Medicina ou da Educação?

— Todos esses fatores são indispensáveis ao progresso, mas se você visitar a Terra, logo os poderá identificar. São pessoas sensíveis ainda portadoras de muitos problemas de ordem pessoal, mas que em toda parte se sentem felizes em ajudar. No campo espírita, eles têm se afinizado melhor. Assim, grandes obras de amor cristão com o concurso deles estão se desenvolvendo na Terra, estabelecendo uma ponte luminosa de fraternidade entre os dois mundos e possibilitando importante tarefa de recuperação.

Eu estava admirado. Ele, notando minha curiosidade, continuou:

— Foi numa casa dessas que os dois assassinos, escravos de ontem, encontraram esclarecimento e socorro. Arrependidos, já voltaram a reencarnar na Terra, onde pretendem receber esse amigo como filho. Animados pelo exemplo de fraternidade desses abnegados trabalhadores da Terra, fizeram curso de aprendizagem e socorro e pretendem, através do exercício da mediunidade com Jesus, ajudar esses espíritos sofridos e ainda também exercer tarefas no campo social.

— Gostaria muito de conhecer tudo isso — tornei, admirado.

Ele sorriu e disse:

— Você já conhece.

— Como assim?

— Observe e verá.

Fechei os olhos e logo a luz se fez em um letreiro aureolado de sublime claridade onde eu pude ler comovido: Lar dos Caminheiros.

Então compreendi. Tudo ficou claro. Os problemas, as lutas, tudo.

Como é belo ser voluntário do bem. Como é belo ser servo de Jesus!

Será que ainda terei tempo de me candidatar?

Comunicação

Por toda parte se ouve falar em comunicação. Estamos na era da comunicação. Vocês concordam? Pois é nisso que eu ando pensando quando tento vencer as barreiras variáveis e por vezes quase intransponíveis que nos separam.
Não é fácil. Se na Terra os homens são favorecidos pelos complicados e cada vez mais sofisticados aparelhos eletrônicos que levam a imagem e o som através das distâncias com clareza e perfeição, nós, apesar de dispormos de alguns recursos que fariam inveja ao mais avançado cientista terreno, ainda não logramos tamanho êxito. Estão admirados? Mas é verdade. Se na transmissão dimensional do nosso mundo fantasma logramos perfeitamente registrar, permutar, transmitir, enxergar até as ideias dos nossos companheiros com uma profundidade assustadora de penetração até de pensamentos íntimos, ainda não conseguimos vencer a sólida barreira interplanetária, isto é, manter diálogos e contatos claros e inequívocos com os homens.
Duvidam? Posso provar.
É comum vermos por aqui companheiros nossos, colegas desencarnados, imbuídos dos mais sérios e ardentes votos de dedicar-se à redenção da humanidade sofredora, passando pelos revezes dos ruídos e das interferências da comunicação.
Planejam com cuidado mensagens esclarecedoras, traçam planos ao aperfeiçoamento social e ao progresso

ascensional do mundo terreno e, munidos da devida licença superior, após verem seus projetos esmiuçados e censurados, estimulados e (como visam ao bem coletivo) aprovados em tempo recorde (aqui não temos a conhecida burocracia), exultam de alegria. Sempre conhecem na Terra pessoas capacitadas, desejosas de praticar o bem, aptas para desenvolver tal atividade com as quais pretendem dialogar para a execução de seus planos, secundados por grupos de colaboradores exaustivamente treinados para auxiliar.

Interessado em tudo quanto se faz na Terra, e principalmente na melhoria desse mundo que eu amo e onde pretendo voltar a renascer um dia, procurei entrar em contato com um deles, o que não me foi difícil.

Levado a uma reunião onde se preparavam, fui apresentado ao coordenador, que me convidou a participar.

Era homem de uns 35 anos, postura ereta, forte, rosto franco e enérgico, suavizado pelo brilho alegre de seus olhos vivos e límpidos.

Estavam estudando as causas que têm dificultado o progresso da humanidade terrena, analisando não só as determinantes do comportamento, como os meios de favorecer a mudança necessária à conquista efetiva das virtudes essenciais à felicidade.

Aprendi muito nesse grupo e percebi como esse conhecimento me ajudaria a conquistar nova posição mental de equilíbrio e bem-estar. Exultei! Estava diante da mais formidável descoberta do século!

Claro. Não tem sido exaustivamente provado em toda parte que a causa do nosso sofrimento reside unicamente no fato de sermos imperfeitos e praticarmos o mal? De sermos fracos e relapsos frente aos deveres que nos libertariam?

Já pensaram na importância de um método tecnicamente eficiente para detectar primeiro nossas falhas, fazendo com que tomemos pleno conhecimento delas, e depois os meios de as colocarmos em escanteio e levá--las de vencida?

Não acham possível? Mas estou dizendo a verdade. Eles fizeram testes com o método, que incluía um trabalho muito bem planejado, entre os dois mundos: o nosso e o vosso. Não podia falhar. Eles estavam há certo tempo observando um grupo na Terra, bastante dedicado ao estudo do comportamento humano e do Espiritismo, e esperavam poder desenvolver ali suas atividades.

Nossos amigos encarnados guardavam cultura acadêmica especializada, bom preparo moral para o desempenho da tarefa. Além disso, traziam compromisso firmado antes do reencarne para isso. Não podia falhar.

Acompanhei com entusiasmo todos os preparativos.

Vocês sabiam que os locais onde se processam nossas reuniões com os encarnados são cuidadosamente planejados em nosso plano e que a execução desse projeto requer técnicos especializados com aparelhagem específica?

Parece que outros já falaram nisso a vocês, mas, apesar do nosso progresso científico ir muito além do da Terra, pareceu-me complicado demais.

A sala de reuniões, pequena e simples, teve um piso acrescentado e as paredes ampliadas. Cercadas de alarmes e correntes magnéticas fornecidas por geradores especiais. Achei fascinante poder acompanhar tudo isso e fiquei antegozando a surpresa do grupo de trabalhadores dedicados que iria usufruir de tudo aquilo.

Havia delicado aparelho de sondagem mental, capaz não só de registrar individualmente os íntimos e profundos pensamentos dos presentes, como de mostrar o grau médio e denso de todo o ambiente, apontando todas as nuances de cada um, as oscilações e até as interferências externas que porventura conseguissem passar a vigilância.

Fiquei maravilhado. As luzinhas e os números coloridos e luminosos tornaram-se difíceis de descrever nessa máquina extraordinária. Tudo fora previsto. Se eu quisesse saber mais sobre um dos participantes cujo quadro se refletiria no painel, bastaria acionar um botão e todo seu inconsciente se desenharia codificado à minha frente. Não é fascinante? Com tal aparelhagem manejada por espíritos bons e bem preparados, por certo conseguiríamos nossos objetivos.

Não pude deixar de me sentir participante ativo, já que estava empolgado. A Era da Comunicação. Que maravilha! Por certo os homens agora conseguiriam enxergar a sua realidade e partir firmes para a emancipação espiritual. Há tanto tempo esse tem sido o sonho da maioria das criaturas humanas!

A aceitação e a apologia dos grandes vultos que viveram na Terra, a veneração às obras superiores e a vontade de melhorar demonstram que o sonho maior de cada um é ser perfeito, é ser sempre feliz, é fazer sempre o melhor!

Pena que isso tudo seja dificultado por um raciocínio conduzido por uma visão deturpada dos fatos, uma inversão dos valores reais e uma tremenda falta de confiança em si mesmo.

Dava para perceber tudo isso e nós tínhamos meios para ajudá-los. Era um grupo pequeno, mas era o começo. Estávamos confiantes.

Foi com alegria que assistimos a reuniões onde procuramos ajustar nossos aparelhos às necessidades dos encarnados. E assim que Jaime, o coordenador, julgou oportuno, começamos a transmitir mensagens telepáticas de incentivo, preparando a sementeira.

Acompanhei o desenvolvimento desse trabalho com vivo interesse. E, como era lento, eu comparecia lá sempre que possível para colher dados e saber novidades.

Tudo parecia bem, e por isso Jaime finalmente resolveu dar um passo a mais na direção do objetivo. O grupo dos encarnados aumentara e os conceitos evangélicos, filosóficos, eram captados fielmente por eles pelos canais mediúnicos. Finalmente!

Jaime aproximou-se de dedicado médium, transmitiu lenta e firmemente palavra por palavra de sua mensagem, falando claramente de seus objetivos, da necessidade de algumas providências técnicas e psicológicas.

Tudo ia bem e o arauto encarnado repetia as palavras com fidelidade, até que o inesperado aconteceu: inexplicavelmente, Jaime dizia uma coisa e o nosso médium outra, um pouco modificada na forma, mas muito diferente na essência.

Por um momento houve estranheza em nosso grupo. O que estaria ocorrendo? O médium era bem-intencionado e sério, culto e preparado, tudo estava sendo feito como de hábito, por que o equívoco?

Jaime esforçou-se, fez o melhor que pôde, mas a mensagem não foi compreendida e, o que é pior, não tendo sido compreendida como devia, foi considerada suspeita e colocada de lado.

Os nossos técnicos esmiuçaram a aparelhagem, tudo. Nada revelava a causa daquela estranha interferência. Assim, tornaram aos temas evangélicos e doutrinários e tudo voltou à normalidade; mas sempre que Jaime se decidia a inovar e dar andamento ao projeto, a estranha ocorrência se registrava.

Por isso, Jaime resolveu recorrer a um conhecedor profundo da técnica da comunicação dos planos superiores, que uma noite compareceu à reunião para determinar as causas da anormalidade. É claro que eu estalava lá! Conhecer um "papa" da comunicação dos altos planos era algo inusitado e muito especial.

Eu esperava um sábio de alvas barbas, por isso surpreendeu-me a figura de um jovem quase imberbe de rosto alegre e sereno, cabelos louros e revoltos.

Quem diria! Mas era. E, parece que no mundo onde ele vive, dão preferência à aparência jovem; por isso, ele que não mais reencarna na Terra, conserva-a há séculos e só vai mudá-la se quiser.

Não é incrível? Lá, o sonho da juventude eterna é uma realidade. Talvez seja por isso que o homem da Terra inverte tanto os valores. Tudo quanto lhe parece fantasia é que é realidade, e tudo quanto lhe parece sólido, material, está sujeito a transformação. Não é espetacular?

Nessa hora, tenho muita pena dos pesados e sisudos "cientistas" materialistas e louvo os maravilhosos contos de fadas infantis, que conseguiram conservar um pouco de realidade nesse mundo caótico da Terra.

Mas ele chegou. Não sei como, não vi nenhum disco voador. Veio com tanta simplicidade e precisão que encantou a todos. Ouviu com paciência e bom humor todas as alegações de Jaime. Passou os olhos percucientes por todo o equipamento e esclareceu:

— Está tudo certo. Vocês fizeram tudo muito bem. Nada há de errado nem o que mudar.

Jaime fez um gesto largo:

— Então, por que essas interferências? Por que eles não captam todas as mensagens com fidelidade absoluta?

— Porque não podem.

— Mas quando generalizamos e falamos dos ideais nobres da vida maior, quando falamos sobre os Evangelhos ou sobre filosofia Espírita, captam com absoluta fidelidade. Até com as mesmas palavras. Chegam a repetir meus gestos pessoais, o tom da minha voz. Mas sempre que quero acionar o mecanismo mais objetivo no âmbito individual, mencionar datas, nomes, fatos, como faria através de um aparelho telefônico na Terra, isso não acontece. Por quê? Ainda há mais: sempre que aciono uma mudança e procuro objetivar nossos planos, eles o deturpam e ficam duvidosos, angustiados. Afinal, o que está errado?

O jovem sábio sorriu amavelmente e esclareceu:

— Ruídos da comunicação. Vocês estão perfeitos, dentro da mais requintada técnica do seu plano consciencial. Analisaram o plano consciencial terreno e, reduzindo sua frequência, entram em contato com eles. Contudo, talvez não tenham observado que todos os estímulos que o homem terreno recebe na forma de ideias são rapidamente decodificados pela mente e reestruturados dentro de suas próprias dimensões. Tudo quanto for novo e não encontrar repercussão na decodificação sofre adaptação aproximada, prevalecendo aí as variantes da personalidade.

Não compreendi bem, mas Jaime parece que entendeu, porque tornou, decepcionado:

— Quer dizer que essa variante sempre interfere na comunicação?

— Sempre. Se você mostrar um prisma do seu plano com suas maravilhosas cores a um homem, mesmo que ele as "veja" com a mente, mencionará apenas as sete cores que conhece na Terra. Estará decodificando as demais dentro do seu limite de registro.

— Quer dizer que não vou conseguir falar aos homens como num telefone?

— É muito difícil. Venho estudando o assunto há séculos e tenho observado que, para que isso viesse a ocorrer, haveria necessidade do homem viver muito desprendido da vida terrena, antecipando a vida fora da matéria, o que não é fácil.

— Quer dizer que devemos desistir?

— Claro que não. Continuem, apesar de tudo, porque a ideia transmitida, embora decodificada à maneira de cada um, é preciosa semente para o futuro. Depois, existe a experiência na Terra que conduz o homem às mudanças fundamentais, que vocês podem usar como meio para alcançar seus nobres ideais.

— Quer dizer que não há maneira de eu falar aos homens sem interferência na comunicação?

— Há — tornou ele —, e muitos têm se utilizado dela. É reencarnar na Terra e tentar falar com eles diretamente. Mesmo assim, o processo lá é tão lento que por vezes eles só vão entender o que você diz séculos depois, quando você já tiver regressado. Mas sempre valerá a pena tentar.

Saí pensativo. Será por isso que sempre que eu quero contar coisas pessoais através dos médiuns, com datas, fatos e provas, há ruído em nossa comunicação?

Ou será que esse ruído é um recurso que a vida usa para evitar o personalismo, o interesse particular, e nos convidar às grandes causas, ao bem coletivo e fundamental?

Não sei o que dizer, mas, se um dia souber, prometo que virei para contar. Não há pela Terra nenhum cientista disposto a me ajudar a investigar?

Dúvida

Vocês acreditam em espíritos? Claro, vão dizer que sim. Mas eu, quando estava no mundo, também dizia ora sim, ora não, conforme o momento, quem fazia as perguntas ou conforme os meus interesses.
Fácil, não? No fundo, no fundo, a dúvida, teimosa, sobrevindo por vezes, não obstante tudo quanto já se fez, falou ou aconteceu na tentativa de provar o contrário. Por que será que o homem é tão descrente? Já pensaram nisso?
Há quem acredite que os fantasmas, como nós, já não tenham esse tipo de preocupação. Enganam-se, porque, na realidade, os descrentes continuam por aqui fazendo sua guerrinha particular, seu desafio, quem sabe para que, num desses arroubos ocasionais, alguém consiga provar-lhes o contrário.
Se vivendo na Terra o homem justifica sua falta de fé através das dificuldades naturais do mundo material, há os que pensam que, uma vez mortos, se vierem a sobreviver, não mais terão motivos para duvidar.
A hora do "vamos ver" soará insofismável, única, absoluta, e o homem descrente se transformará no redivivo cheio de certeza e de fé além da cortina que separa os dois mundos.
Bom se fosse assim. Nem sempre isso acontece. E sabem por quê? Não é por falta dos assistentes do lado de cá, que até fazem seu trabalho muito bem, mas

porque muitos não possuem ainda discernimento para compreender e aceitar.

De mortos-vivos na Terra, passam a vivos-mortos aqui, para decepção daqueles que esperavam descerrar-lhes a visão para as coisas importantes da eternidade. Vocês sabiam que por aqui existem até ateus? Pois é a pura verdade. Não acreditam em Deus e simplesmente vivem com tanta naturalidade que nos colocam na posição de espectadores admirados, vendo-os dissecar suas teorias com aparente lógica e poder de persuasão. Claro que os dúbios, os indecisos, os atemorizados, prestam-se a ouvi-los, e assim fazem escola, criando adeptos num proselitismo perigoso que os leva à dependência dessas criaturas de alguma inteligência e certo potencial mental, servindo-as quase como escravos.

Sim, as dúvidas anulam todas as nossas forças positivas e enfraquecem o espírito. Na verdade, nesses casos de nada valem as palavras, e o espírito precisa reencarnar, experienciar, viver para conseguir enxergar a verdade.

Mas eu não posso criticá-los, porquanto na escola da descrença creio já ter sido aluno, embora hoje a vida tenha me desvendado alguns dos seus segredos.

Hoje, já acredito ser um fantasma bem-comportado, tão bem-comportado que até já frequenta aulas de disciplina.

Todavia, o que mais me preocupa é ver o indivíduo aparentemente seguro de si fazendo afirmativas habilidosas de que o nada existe e é tão forte que pode criar o mundo.

Vocês já pensaram o que ele terá que viver, as experiências que deverá passar até que consiga enxergar?

Nessa hora, dá muita alegria saber que já superei essa fase, porquanto posso afirmar que eu creio, que eu creio, que eu tenho fé! Sou ousado? Sou. Mas a fé me dá essa ousadia. Eu tenho a certeza do que afirmo. Não por ser fantasma, mas por poder ver e viver neste mundo, por ter encontrado aqui amigos, parentes, pessoas que eu admirava, vivinhas, conservando a mesma individualidade, prosseguindo em suas vidas do mesmo ponto onde eles pararam na Terra.

Se isso para mim é importante, mais ainda é o fato de verificar a sabedoria da vida, distribuindo seus acontecimentos, mexendo os cordões que movimentam os homens e as coisas por toda parte sem errar nunca nem precisar revogar nenhuma de suas leis. Não é maravilhoso?

Apesar dos males que assolam o mundo, apesar dos homens inábeis e fracos, quem, depois de ver isso, poderá se preocupar?

O otimismo é uma conquista, uma conquista da fé. Não pensam como eu? Vamos continuar a ser otimistas?

A Epígrafe

Vocês já pensaram como a epígrafe é importante no mundo? Pois é, considerando isso é que os escritores, tanto os vestidos de carne como os investidos — isto é, os redivivos ou fantasmas que se investem do propósito de continuar escrevendo para os homens mesmo depois de "mortos" — pensam e repensam, estudam e se preocupam com o título.

Sim, meus amigos. A epígrafe é, pois, de grande importância. Sabem por quê? Porque o homem é tão superficial que, se o título não for atraente e não despertar o seu interesse, não lê, não compra, não presta atenção. Você concorda? Ou será que a culpa é da vida agitada, onde tudo anda acelerado no mundo e o faz ter pressa, desejando tudo condensado, mastigado, rápido e objetivo?

Eis aí minha dúvida. Há vozes de gente importante dentro das Letras, da Filosofia, dizendo em alto e bom som que o rótulo não vale nada e que o importante mesmo é a essência. Até aí eu concordo, mas num jornal, por exemplo, se a manchete não atrair a atenção, o leitor passa ao largo e não se interessa. Por esse motivo é que os produtores de filmes colocam nomes muitas vezes disparatados em suas produções para atrair o público que sempre responde a esse tipo de atitude.

Sim, meus amigos, coisas da epígrafe, sempre tão importante.

Às vezes penso que o homem em si mesmo seja uma epígrafe. Só. Há que pegá-lo, desenvolvê-lo. Mas isso não é coisa para mim, claro; a vida, que é esperta e bem conduzida, já o vem fazendo há milênios. Quase sempre o homem, quando quer fazer isso com o semelhante, consegue apenas compor um epigrama pobre e mal--formado. Isso também tem acontecido com os fantasmas que querem escrever para os homens da Terra. Não sei se por culpa deles ou da carência dos seus instrumentos, muitas vezes dissonantes e despreparados, desatentos e até desafinados, que eles não conseguem senão epigrafar pobres epigramas desnecessários.

Acho que estou sendo pernóstico, mas a inspiração hoje é essa. O que fazer?

De tão receosos com o título, nós raras vezes o sugerimos, deixando aos homens essa responsabilidade.

Sim, meus amigos, a epígrafe é muito importante no mundo. Mas, que tal ler o conteúdo dos livros que folheamos? A matéria do jornal abaixo da manchete? Que tal buscarmos a essência que transcende à forma e ao estilo?

A isso podemos epigrafar de sermos conscientes. De um mundo onde tanto se estuda a comunicação, suas formas, seus ruídos, suas distorções, etc., possa-se simplesmente entender o que se ouve, o que se fala, o que se escreve e — o que se torna mais difícil — o que se faz.

Na coletânea de títulos e verbetes em que tem se transformado a enciclopédica cultura do homem atual, ele corre o risco de compreender cada vez menos a essência, perdido nas epígrafes, nas sínteses mal-elaboradas, ineficientes, nos rótulos dourados ou negros, parciais ou inexpressivos, caprichosos e desvirtuados, da complicada e difícil estrutura do mundo atual.

Sim, meus amigos, a epígrafe é importante e, se bem situada, pode até ser genial; mas, manejada por mercenários hipócritas e incompetentes, pode transformar-se na coação inconsciente, na sugestão capciosa, na motivação indigesta do consumo exagerado de valores incompletos e filosofias vãs.

Afinal, essas são apenas digressões de um fantasma preocupado em ser lido, entendido, simplesmente, limpamente, claramente, de forma normal. Estarei pedindo demais?

O Psicoteste

Vocês já ouviram falar em psicoteste? Talvez o termo na Terra não seja bem este, porquanto no mundo moderno, na era dos jatos, da energia solar, das forças nucleares, o desenvolvimento da Psicologia vai se processando a todo vapor.

Agora, os testes psicológicos são uma constante; os de Q.I., os de coordenação motora, os de classificação escolar que fazem o terror dos vestibulares, e existem até os computadores, verdadeiros robôs a testar tudo, a natureza, os animais, dentre os quais o homem.

Nada mais se faz sem a ajuda do teste. Assim, os técnicos vão se especializando nas diversas e complexas áreas da ciência do mundo, para manejá-los. É a paixão pelo novo, pelas descobertas, pelos coeficientes de certeza.

Mas o psicoteste a que me refiro é outro. É o treinamento do fantasma para voltar à Terra e relacionar-se com os homens.

Não é o relacionamento emocional, o apaixonado, o obsessivo — esses, sempre tão comuns, já são característica de cada um —, mas é justamente o oposto: é o relacionamento ponderado, estudado, controlado, supervisionado por elevados espíritos que visam a mútuos benefícios.

Esse sim, não é fácil. Sabem por quê? Porque disciplinar emoções por aqui é sempre difícil.

Passamos muitos anos na Terra esquecidos do mundo espiritual, nos adaptando; estabelecemos laços afetivos, muitas vezes renovando afetos de outras vidas, e mergulhamos de tal forma nas preocupações terrenas que nossas emoções automatizadas giram em torno da nossa vida na carne. De repente, sem muitos avisos e, eu diria mesmo, até de surpresa, regressamos ao outro mundo, enfermos de corpo e de alma, presos aos afetos, ao lar, aos amigos, ao ambiente em que gravitávamos por livre escolha, por isso em acordo com nossa personalidade.

E agora, José? Parece até que eu já disse isso. Perguntei-me muitas vezes. Entretanto, há que compreender, há que melhorar, há que recuperar a antiga ou anterior personalidade. Há que recordar-se de algumas outras vidas, há que equilibrar emoções, há que reaprender a viver neste mundo novo e maravilhoso que é tão real para nós quanto a Terra para o homem, mas que é diferente, e de tão diferente tudo nos parece irreal, inseguro, insólito, principalmente quando compreendemos a necessidade urgente de adaptação e de mudança.

Eu acho até que não nos seria difícil se fôssemos mais disciplinados nas emoções, mais comedidos na autopiedade.

Mas não, não somos. E vai daí que por vezes teimosamente nos recusamos a deixar a casa terrena, os entes queridos, a vida em família e até o campo profissional.

Parece estranho isso, mas é muito comum. E há aqueles que pretendem interferir na vida familiar querendo "ajudar" e naturalmente conseguem apenas desequilibrar e envolver seus familiares em problemas nervosos, ocasionando mais desgaste.

É triste, mas é verdade. Quando não sofrem a desilusão de serem taxados por alguns "entendidos" de Espiritismo de "obsessores malvados". Mas por certo esse travo amargo faz parte do remédio. Remédio da verdade. Assim, o fantasma neófito, o recém-chegado ao mundo dos redivivos, sente-se profundamente incapacitado para dirigir sua vida. Eles que, quando na Terra, lideravam pessoas, conduziam a família, idealizavam, programavam, resolviam, realizavam, agora, frente à avalanche emotiva que não conseguem controlar, sentem-se fracos e perdidos.

E tudo por quê? Por querer viver no mundo espiritual da mesma forma que na Terra. Eles não sabem, por exemplo, que livres da densidade terrestre, os pensamentos são muito mais ativos, que a matéria do nosso mundo é maleável pela força mental; assim, se não se disciplinarem estarão criando formas que os envolverão fisicamente de maneira total.

Se pensarem em doenças as materializarão em si mesmos, se pensarem em dor, tristeza, angústia, desânimo, criarão tudo isso ao seu redor e ficarão mais tristes e mais angustiados. Parece fantástico isso? Mas é verdade. Aqui tudo é mais profundo, mais real.

E é isso que os fantasmas calouros não sabem. Acostumados a cultivar pensamentos na Terra onde seus companheiros não podem penetrar e onde a matéria delimita sua ação, chegam aqui viciados e custam a perceber a verdade.

O que fazer? É natural. Mas não pensem que nós podemos aqui ver tudo, saber tudo, não. Temos uma faixa de ação onde podemos penetrar com os nossos sentidos, que vai desde as entranhas da Terra até o máximo de percepção que cada um já conseguiu desenvolver, e isso é uma variável que representa a conquista do espírito.

Na Terra não é a mesma coisa? Não há pessoas sutis e perspicazes, enquanto que outras não conseguem ver um palmo adiante do nariz?

Mas eu disse tudo isso para falar do psicoteste. Ele é muito conhecido por aqui. Sem ele não conseguimos a autorização para nos aproximar dos homens e trabalhar nos processos de ajuda, interferindo nos negócios da Terra.

E sabem qual é ele? É o retorno ao lar, é uma estadia nos lugares que deixamos e aos quais nos vinculamos pelos laços do amor e uma demonstração equilibrada de nosso controle emocional.

E notem que ele não é de aparência. Ele tem que ser efetivo. Aqui o pensamento é a linguagem comum. Podem imaginar como é duro?

Poder falar, escrever através de outra pessoa, mas não dizer nada pessoal, não extravasar emoções, não perturbar o decorrer da vida familiar, apenas ater-se ao fim determinado, ao assunto permitido, ao momento necessário?

E que dizer de alguém como eu, fantasma emotivo e apaixonado, que guarda no coração indeléveis momentos de saudade, sem poder extravasar?

Ah! Esse psicoteste! É duro. Mas acredito que necessário. Quem está na Terra deve viver a sua experiência até o fim. Não seria justo perturbá-la.

Mas vou contar um segredo que vem se repetindo amiúde: esse controle é na comunicação; porquanto, se nos comportarmos bem, se apreendermos as leis do nosso mundo e as respeitarmos, poderemos conseguir encontros com nossos entes queridos durante o sono.

Podemos beijar seus cabelos nas horas de vigília sem sermos vistos, podemos até vibrar amor à vontade, porquanto, como devem saber, o amor é lei absoluta da vida, e não há nenhum fantasma que esteja proibido de amar.

Um dado curioso do psicoteste: ele decompõe nosso sentimento e analisa a fundo nossas emoções. Sabem que, apesar de tanto apego, raros são os que já aprenderam a amar?

Esqueci de contar que, durante o nosso teste, há um aparelho temido por todos, mas acatado por infalível, que acompanha o processo.

Ele seria dispensável, porquanto nossos maiores não necessitam dele para saber as coisas, mas que fantasma recém-vindo da Terra não iria duvidar?

Por isso estamos até treinando nos atrasados gravadores da Terra. Não acham isso singular?

Mas fiz o meu psicoteste e passei. Será que, conhecendo o meu temperamento, alguém vai acreditar?

Obsessão

Era noite de gala e o teatro regurgitava. Mulheres com vestidos brilhantes e ricamente bordados, homens com sapatos polidos e terno escovado, cheios de elegância e gentilezas. No salão, ricamente adornado, as flores decoravam as frisas como que a lembrar o verão, aromatizando a noite com seus deliciosos perfumes.

A orquestra dera início à abertura e um prelúdio profundamente envolvente encheu o ar, e do peito das mulheres escapou um suspiro de ansiosa expectativa. O astro máximo ao vivo! O grande amante das telas, o mais amado, o inesquecível e sempre lembrado Valentino. O grande ídolo apareceria ao vivo, para dançar e representar. Como seria ele? A expectativa era geral.

As luzes se apagaram e a cortina se abriu, deixando ver, no teatro às escuras, um foco de luz. Num passe de mágica ele apareceu, chapéu de abas largas, elegante, passos compassados. Dançou e, aos rodopios, foi buscar a companheira; ambos enlaçados, volteavam em cena ao compasso da música.

A plateia delirava. Ele, o grande, o herói, o adorado, o mais invejado, o mais temido pelos outros homens.

A um canto, uma mulher chorava baixinho. Há algum tempo já sonhava com ele todas as noites e delirava. Em seu delírio, era ela quem volteava no palco enlaçada por ele. Ela! E depois, seu devaneio ia mais longe, ele a beijava e dizia que a amava. Nada mais lhe importava na

vida senão isso, nada mais. Trocaria tudo por essa aventura. Não fazia senão recortar nos jornais, nas revistas, as suas fotos e todas as notícias que lhe diziam respeito.
 Ah! Se ela pudesse... Abandonaria tudo por ele. Bastaria um palavra e ela o seguiria até o fim do mundo! Ah... se ele lhe dissesse... se ele se declarasse! Ela deixaria seu lar, seus dois filhinhos, o marido, tudo.
 A custo suportava a presença do companheiro. Ele lhe parecia grosseiro, banal, sem atrativos. Ela sabia que era bela. Muitos homens tinham perdido a cabeça por causa dela. Mas ela só tinha olhos para o seu ídolo, nada mais.
 Olhou o marido, do seu lado, ereto, calado. Não se importava que ele lhe percebesse o entusiasmo. Pouco ligava. No delírio do espetáculo, ela chorou, sorriu, aplaudiu e esqueceu que não estava só. Quando terminou, levantou-se, pensando em dirigir-se aos camarins.
 Sentiu um braço de ferro segurando o seu. Olhou como que trazida à realidade.
 — Aonde vai? — perguntou ele com voz baixa.
 — Deixe-me! Vou ao encontro dele. Preciso vê-lo.
 — Rose, não vá. Há muita confusão. Acabou o espetáculo, vamos embora.
 Ela arrancou o braço com raiva:
 — Não vou! Deixe-me. Se quiser, vá embora... não vê que me aborrece? Aliás, é bom mesmo que você vá. Deixe-me em paz. Por favor!
 — Não posso deixá-la aqui. Vamos?
 Ela o olhou com olhos duros:
 — Não adianta, vou ficar. Se quer ir, vá, não me importo. Aliás, é melhor que saiba que entre nós tudo

acabou. Não suporto mais. Quero ficar sozinha. Deixe-me, por favor!
— Não sabe o que diz. Como pode? Não está falando a sério, por certo.
— Nunca falei com tanta sinceridade. Entre nós não é possível mais nada. Não o amo mais. Não posso fingir. Chega de falar.
— Não acredito que pense em me deixar por causa de um artista. Veja bem... ele não vai fazer sua felicidade.
— Não importa. Eu o amo. Hei de segui-lo por toda parte. Um dia ele terá que perceber o meu amor. Então, tudo será diferente. Deixe-me... eu lhe peço...
O marido estava pálido. Seus lábios procuravam conter palavras de rancor.
— Espero que você pense melhor e volte a si dessa loucura.
— Seja como for, sou dona de mim. Nada mais quero com você.
— Nem com nossos filhos?
O rosto dela contraiu-se num rito doloroso.
— Que seja... — murmurou determinada. — Se você os tira de mim, se esse é o preço, eu, embora com o coração despedaçado, não tenho alternativa. Seja! Fique com eles e trate-os bem. Depois pegarei minhas coisas. Agora deixe-me. Quero ficar só.
Ele ficou parado, enquanto ela se perdia na multidão rumo aos camarins. O rosto dela era uma máscara de ódio. Não acreditava que aquele miserável não tivesse seduzido sua mulher. Ela sempre fora pessoa responsável e equilibrada. Por certo que eles estavam mantendo um romance. Com certeza! Como pudera ser tão cego?

Já há algum tempo vinha notando a mudança dela. A falta de interesse, a falta de carinho, tudo. Agora sabia. Ele era o culpado.

Sedutor desalmado! Mas havia de vingar-se. Isso não podia ficar assim.

Saiu do teatro e foi para casa. Aguardou o dia clarear, e nada da mulher. Foi com o coração apertado que ele viu os filhinhos perguntarem por ela. Foi aí que tomou uma resolução. Apanhou a arma e decidiu. Acabaria com ele. Assim, não mais destruiria lares. Aliviaria a sociedade de um conquistador. Colocou a arma no bolso e saiu.

Onde encontrá-lo? Resolveu esperar a noite, porquanto ele iria apresentar-se novamente. Na hora do espetáculo, esperou. Não conseguiu vê-lo chegar porquanto despistara os fãs. Aguardou, ruminando seu ódio, que o espetáculo terminasse. Escondeu-se quando viu sua mulher chegar. Ela estava com olhos perdidos, como que sonhando. Por certo eram felizes e estavam juntos. Eles tinham resolvido suas vidas, mas ele não seria jogado fora como se fosse um objeto inútil.

Esperou com paciência que o espetáculo terminasse, e quando o viu sair, sempre acompanhado, foi atrás. Não viu sua mulher, mas isso não o preocupou, porque com certeza iriam encontrar-se mais tarde. Seguiu o carro e entrou no hotel, procurando descobrir o andar em que ele se hospedava. Esgueirou-se pela escada de incêndio, subindo determinado os oito andares. Saltou no terraço dos fundos do apartamento. Ouviu quando eles entraram, acenderam as luzes. Continuou esperando. Ouviu vozes, ele dizendo que estava cansado e que queria dormir. Tudo escuro de novo, silêncio.

O marido ofendido esgueirou-se pela porta e depois, sorrateiro, adentrou o outro aposento. Finalmente o quarto. Sob a luz fraca do ambiente, ele viu o rosto do rival semiadormecido. Não teve dúvidas, apontou o revólver e atirou. O silenciador colocado na arma abafou o ruído.

— Morra, vil traidor! — bradou ele. — Morra!

A vítima teve tempo de gritar, assustada, e o assassino já saía galgando as escadas, ganhando a rua. Correrias, susto, o medo do escândalo, tudo abafado.

No dia seguinte, o mundo abalado recebia a notícia de que, vítima de um apendicite agudo, o famoso astro dera entrada no hospital, onde veio a falecer.

No dia imediato, o assassino, assustado, recebeu a visita de um policial. Pálido, trêmulo, esperou que ele falasse, pronto a se defender.

— O senhor é o doutor R.? Quero avisá-lo de que sua esposa teve um ataque de loucura e se encontra recolhida a uma casa de saúde.

— Como?

— Sim, infelizmente. Eu mesmo a detive. Foi um custo contê-la. Precisei chamar reforço. Ela já teve algum ataque antes?

— Não... isto é, ela andava muito estranha ultimamente. Mas não pensei que estivesse tão ruim.

— Ela dizia que ia matar alguém. Que o faria de qualquer jeito. Depois, enquanto nós a levávamos ao sanatório, ela repetia: "Pronto. Agora já completei minha vingança. Agora ele recebeu o troco. Eu venci! Eu consegui... eu o destruí". E ria tanto que só parou quando o médico deu-lhe uma injeção e conseguiu fazê-la adormecer.

Enquanto o marido, entre apavorado e arrependido, procurava o médico para saber, o ídolo da tela, o galã do mundo, o temido pelos homens e amado pelas mulheres baixava à sepultura. E até hoje ninguém soube como tudo aconteceu.

Vocês não acreditam? Pois eu digo que aconteceu assim.

Liberdade

Ontem estive parado, olhando a Estátua da Liberdade. Curioso, ela é de pedra e demarcada ao redor, cercada para assegurar sua postura firme nas profundezas do oceano. Vocês já pensaram como ela é um perfeito símbolo do comportamento humano? A base fixa na terra, chumbada, para que a força hercúlea das vagas não a faça tombar. A mureta ao redor, para proteger e resguardar seu acesso. É o homem mesmo, chumbado à terra, mergulhado de corpo e alma nas preocupações mundanas e cercando sua intimidade com as muretas do orgulho para precaver-se dos golpes e das intromissões perigosas dos semelhantes.

Mas, já acima, o facho de ideal, na mão quase à altura da cabeça como a dizer que a liberdade existe apenas na mente, de onde sai do intelecto, como se sua realidade, ao espalhar-se pelo mundo, fosse realmente uma conquista.

Estou sendo duro? Mas é o homem diferente da estátua que ele mesmo elegeu para seu representante? Acho que não.

Hoje se tem falado muito sobre liberdade, e seu conceito tem sido condicionado em todos os compêndios do mundo. Mas quem até agora pôde conhecer sua intimidade, delimitar suas fronteiras e, na prática, vivê-la na íntegra?

Andei pensando, pensando, e também não sei defini-la. Dizem por aqui nossos maiores que o dever bem-cumprido dá acesso à verdadeira liberdade. Mas para nós o dever nem sempre é agradável, e por isso nos cerceia a liberdade, forçando-nos a aceitar disciplinas e rumos diferentes da nossa inclinação natural.

Vocês já pensaram e verificaram quais são as nossas inclinações naturais? O que gostamos mesmo de fazer? E se nos fosse dado o direito de, sozinhos, escrevermos as diretrizes de nossa vida?

Ah! Que maravilha, fazermos tudo sem medo de nada. É claro que nos colocaríamos em morada agradável, com muito conforto. Seríamos lindos! Quem se conforma em ser feio? E olhe que tem gente feia nesse mundo. E o pior, que muitos continuam mais feios ainda quando se mudam para cá.

Eu, por exemplo, jamais me cercaria de gente feia. Quando muito, faria exceção à gente simpática que, de tão agradável, por vezes parece bonita aos nossos olhos.

Depois, para mim, só alegria, muita música, muito som. E, naturalmente, muita gente inteligente, claro. A burrice dói, e a verve afiada, a vivacidade por certo encheriam minha vida de momentos brilhantes e de satisfação íntima.

E até, por que não dizer, uma boa mesa, bem-arrumada, com flores, muita comida, um bom vinho, delicado e saboroso, até que não iria destoar.

Sim, essa seria a vida que eu faria para mim, se pudesse escolher.

Olho a estátua e me sinto de todo com os pés pregados na Terra. É que ainda não consigo deixar de ser terreno. Contudo, se eu tivesse poder, se eu tivesse liberdade, faria um mundo sem guerras, sem doenças, sem lutas. Acho que vocês pensam como eu.

Cada vez mais eu acho a Estátua da Liberdade igualzinha a nós. Digna representante do homem. Pena que o tempo, a força da natureza a esteja aos poucos desgastando. Pena que, um dia, ela não mais poderá suster-se e será arrastada pela persistente força das águas que sem parar lavam seus alicerces. Chego até a vê-la semidestruída, sem archote, sem pés e sem mãos, sendo levada pela correnteza. Que pena!

Com o homem por certo vai ser diferente. Outro destino melhor o aguarda no futuro. Mas aí, fiquei preocupado. Não com a estátua condenada pelo tempo à destruição, mas com a vida que eu sonhei para mim, se eu pudesse construí-la, e com o mundo que eu faria, se me fosse dado opinar.

Pensando nisso, levantei o assunto em roda de amigos. Foi uma delícia. Propus a cada um estabelecer seu mundo, seu roteiro particular, livre dos compromissos de vidas passadas e sem pensar nas consequências futuras. Livres mesmo. Só a nossa vontade. Sem peias nem disciplinas, realmente com a verdadeira liberdade.

A ideia foi acatada com entusiasmo. Mas cada um tinha um conceito diferente, colocava seu objetivo de uma forma. Em poucos minutos passamos do entusiasmo à discussão e da discussão aos ânimos acirrados, e, logo mais, ninguém conseguia controlar a conversação.

Bruno assistia calado. Seu olhar vivo e lúcido me fixou, brejeiro. Olhei-o entre encabulado e divertido. Afinal, eu entornara o caldo.

Bruno era nosso amigo e assistente. Um pouco ressabiado, roguei silêncio e só a custo consegui estabelecer a calma. Meio sem jeito, conjeturei:

— Hoje fui visitar a Estátua da Liberdade e fiquei pensando, pensando. Até agora não consegui saber bem o que ela realmente é. Acho que exagerei. Nosso mundo, se nós pudéssemos fazer um, seria tão particular, tão pessoal, que ficaríamos sozinhos, e, para ser franco, prefiro lutas em comum a solidão.

Meus companheiros ouviam silenciosos, perdidos em seus pensamentos íntimos.

— É duro — continuei — condicionar a liberdade ao dever. A liberdade tem asas e o dever pesa como chumbo. É aguentar a feiura, a burrice, o fraco, o desagradável, a dor, a inveja, a desonestidade, a incompetência, a guerra, a desunião, o ódio etc. Será que não poderia ele ser mais suave?

Bruno, longe de demonstrar preocupação com minha irreverência, sorriu e esclareceu:

— Sabe que tem razão? Hoje você fez um teste de maturidade com todos nós e os resultados foram bem positivos. Ninguém sabe ainda usar sua liberdade. Já pensaram quantas vezes Deus nos permitiu que na Terra fizéssemos nosso próprio mundo particular?

Pensei em minha vida terrena e acho que, de certa forma, vivi como desejei. Fiz o que quis e criei o meu mundo particular. Tinha um, dentro de mim, que ninguém viu, e nele eu fantasiava as coisas audaciosas e me deliciava. Sim. Eu já tivera a chance de criar a minha vida e a liberdade de viver conforme desejara.

Bruno continuou:

— Uma vida na Terra é a chance de viver em liberdade. Todos somos livres para escolher o caminho, as pessoas com as quais queremos conviver, a profissão.

— E quando alguém não consegue por si mesmo fazer o que quer? A vida inteira sonhei com coisas que nunca consegui realizar. Queria ser escritor e trabalhava em um escritório, queria ter muitos amigos e sempre era isolado, amei uma mulher e fui preterido — tornou um dos companheiros, meio amargurado.

— Mas, meu amigo, até pra ser livre e realizar o que se quer é preciso ter vontade forte e lutar para conseguir. Ninguém fará o seu mundo por você.

Eu estava interessado. Afinal, saber era o meu secreto desejo. Compreenderia por fim o que é liberdade?

Bruno prosseguiu:

— Todos somos livres. Fomos à Terra, usamos o livre arbítrio, mas nosso universo é um universo de forças vivas. A vida tem leis que a sustentam, preservando-lhe o equilíbrio. Fazemos parte integrante da Criação, e portanto somos sujeitos a essas leis. Não prescindimos delas, embora ainda não tenhamos condições de compreendê-las claramente. Elas são ativas e os fatos são irretorquíveis. Se um homem atirar-se de um prédio alto, nenhum conceito de Filosofia e ninguém poderá evitar que seu corpo se esborrache no chão. Ele escolheu atirar-se pela janela. Usufruiu de completa liberdade. Mas, assim que se atirou, o resto ficou por conta das leis que disciplinam a vida. Conseguem entender?

Acho que consegui. Ele completou:

— Por certo, se não morrer, esse homem terá que suportar durante muito tempo, ou quem sabe pelo resto da vida, as lesões físicas e morais que ele mesmo procurou. Alguém mais aqui tem dúvidas sobre a liberdade?

Reparei que, em silêncio, conjeturando com seus botões, cada um foi saindo, e eu fiquei só com Bruno.

— Acho que, às vezes, meu gosto pelo raciocínio me leva longe demais. Acho que hoje eu quis criar um mundo novo, como se eu fosse um Deus. Que loucura!

— Isso é bom — colocou o braço amigo no meu ombro enquanto dizia: — Isso é muito bom. Porque quanto mais nós quisermos nos colocar no lugar de Deus, mais perceberemos o quanto estamos distantes dele.

— É — concordei ressabiado.

O mundo que eu idealizara seria cheio de confusão, injustiças e futilidades. Pensei na Estátua da Liberdade. De uma coisa tenho certeza: ela é e será ainda, durante muito tempo, muito digna representante do homem. Não pensam como eu?

O Canastrão

Não há no mundo, por certo, quem não conheça a figura incomodativa do canastrão. Ele está em toda parte. Seja qual for a profissão ou a situação, ele sempre aparece, querendo fazer sem conseguir, ser quando não é, saber quando ignora, falar sem base, conquistar sem merecimento. Eu mesmo, quando na Terra, fugia deles como o diabo da cruz para não ter o desgosto de recolocá-los em seus devidos lugares, coisa desagradável e que sempre me deixava de péssimo humor.

Mas lá estavam eles, na coxia do teatro, nos corredores das estações de rádio ou de televisão, nas ruas, nas lojas, no meu escritório, multiplicavam-se assustadoramente, obrigando-me a desviar e, quando a situação se tornava crítica, impedir-lhes a entrada no meu setor de trabalho.

E o pior é que alguns, levados pelo beneplácito dos meus próprios amigos, venciam a barreira, colocando-se diante dos meus olhos, sob as vistas úmidas e complacentes dos seus padrinhos entusiasmados, a mostrar seus dotes artísticos infelizmente pobres e inoperantes.

O que fazer? Tentar é direito que cada um tem e exerce como pode. E eu assistia aparentemente atencioso à demonstração, cada expressão do meu rosto esperada com ansiedade, no julgamento indesejado, mas compulsório da "revelação" daquele talento.

O pior é que sempre aparecem muitos amigos fora do ambiente artístico como caçadores de talentos, querendo promover pessoas com as quais simpatizam e que possuem o desejo de se tornar astros, mais interessados em sobressair ou fazer parte de um grupo que, eles acreditam, deve viver em um mar de rosas, amados, aplaudidos, ricos, do que para extravasar sua arte, dar de si até a exaustão para levar aos homens seus ideais de beleza e de entretenimento.

Muitas vezes, empurrados pelos amigos, apoiados pela publicidade, e mais ainda pelo patrocinador, eles aparecem e, o que é pior, se iludem de que são sem ser, que têm sem ter conseguido nada. Passam inexpressivos da mesma forma como vieram e acabam desiludidos e vazios, mergulhados na depressão e no desequilíbrio.

É triste, mas a vida não nos permite alimentar ilusões durante muito tempo, e a verdade sempre chega sacudindo a poeira das nossas ideias, empurrando-nos à mudança.

Mas o que pensariam vocês se soubessem que por aqui também existe o famoso canastrão?

Como? No mundo da verdade, onde os pensamentos são pressentidos e onde cada um se encontra com a sua realidade, existem canastrões?

Pois eu afirmo que existem. Existem, e são aqui, tanto quanto na Terra, um problema difícil, porquanto eles se apegam ao desejo de ser e acreditam que são conforme gostariam. Deu pra entender?

Pois é isso. Há os que se julgam de posse de altos conhecimentos médicos e passam a dar suas consultas a quantos aceitem suas ideias; há os que se acreditam conhecedores do futuro e vaticinam suas próprias divagações incoerentes e ilógicas; há os que se julgam grandes compositores e gastam o tempo compondo melodias dissonantes; há os que fazem versos de pé quebrado, mas que asseguram tratar-se de grandiosos poemas.

Preocupado com esse estado de coisas, procurei analisar a causa dessa ilusão que retém tantas criaturas nas malhas da inércia, impedindo-as de realizar o que podem e colocando-as em situação ridícula e dolorosa.

Eu acho que o problema chegou a tal ponto, tanto na Terra quanto por aqui, que muitas vezes tem impedido ou dificultado os críticos ou os produtores, os artistas ou os profissionais, de ouvirem gente nova, de admitirem novos companheiros no seu campo de ação.

Lembro-me da ojeriza instintiva que me acometia sempre que alguém me falava de algum "prodígio", pedindo-me para dar-lhe uma "chance".

É que, ao ensejo de ver tanta coisa sem expressão, tanta gente enganada e sem talento, e de ser tão desagradável ter que dizer isso, já fazia com que uma barreira se colocasse diante dos meus olhos, impedindo-me de ver onde poderiam vir a ser bons.

Vai daí os testes, as dificuldades, as lutas que, para conseguirem mostrar realmente suas aptidões, os verdadeiros talentos enfrentam. Mas, cá pra nós, não é fácil, não é mesmo? A vida tem mostrado que ao talento deve juntar-se boa dose de perseverança e de confiança em si mesmo para vencer, e quantas vezes só muito tempo depois esse talento é reconhecido? Aliás, eu, que sempre pensara que de nada vale reconhecer a obra de alguém que já deixou o mundo, agora sei que estava enganado.

O reconhecimento de uma obra de arte, embora tardio, de um estadista, de um escritor, e até de um político, é muito importante, porquanto oferece ao próprio autor a oportunidade de avaliação de suas atividades na Terra. E, para ser sincero, quantas vezes a humanidade tem errado em seus julgamentos?

Mas eu não suporto canastrão, e por isso, quando os vi por aqui, imbuído do mais sincero propósito de ajudar, procurei esclarecê-los. Sempre que me encontrava com um nas atividades de socorro, nos grupos de estudo, na convivência comum e até nos momentos de lazer, procurava conversar, buscando fazer com que compreendessem a inutilidade da fantasia inoperante e sentissem a importância das pequenas coisas, aparentemente simples mas que nos conduzem com segurança a grandes conquistas na área do espírito.

E assim, ao contato com suas ideias, devo confessar que simpatizei com alguns que me pareceram mais autênticos e com melhores possibilidades de conseguir o que queriam, ao passo que antipatizei com outros que julguei sem condições.

Havia um que sinceramente me entusiasmou. Finalmente eu descobrira um verdadeiro talento. Dizia-se grande poeta e na verdade declamava versos de grande sensibilidade e com segurança. Entretanto, havia um porém: de quando em quando tornava-se melancólico, alheio a tudo, mortificado e triste. Interessei-me por ele. Conversamos muito. Sua inteligência arguta e brilhante me deleitava, seus versos bem achados faziam a minha delícia. Por que aquela tristeza? Por que a mágoa?

Picado pela curiosidade, formulei a pergunta que ele, balançando a cabeça, respondeu:

— Como não estar triste? Sinto em mim a chama do gênio e contudo não me permitem derramá-la sobre os homens. Não me deixam reencarnar e não me permitem aqui a livre expressão da minha arte. Eu gostaria de voltar à Terra levando a mensagem. Contudo, nossos maiores negam a permissão e, sem ser poeta, não quero renascer.

Fiquei intrigado. Afinal, a arte sempre é benéfica ao homem, e aquele talento não deveria ser impedido de dar à humanidade sua contribuição. Resolvi falar com nossos maiores, advogar aquela causa que me parecia justa.

Assim, com olhos brilhantes, procurei o orientador espiritual, amigo e muito acatado no plano superior pelos seus méritos e dedicação, e expus minhas considerações.

— É um grande talento — afirmei, convicto —, que deseja oferecer aos homens a beleza da sua arte. Creio até que poderá ser um colaborador nosso na Terra, um elemento de ligação entre os dois mundos, falando das eternas verdades do espírito.

O amigo ouviu-me atencioso e sério; depois perguntou:
— De quem se trata?
— Do José que se intitula "A Voz". Tenho conversado com ele e fiquei encantado com sua verve realmente prodigiosa.
— Acho que conheço o caso.
— Gostaria que pudesse ouvi-lo... Quem sabe... — argumentei ansioso.
— Não há necessidade. Venha comigo, desejo mostrar-lhe algo.

Acompanhei-o solícito. Felizmente, estava sendo levado a sério. O ar gentil e atencioso do nosso orientador me fazia bem.

Entramos em uma pequena sala onde havia alguns painéis com muitas luzinhas coloridas, e ele, com gestos seguros, acionou um dispositivo; ao abrir-se uma pequena porta na parede, surgiu uma tela iluminada.

— Vejamos o caso dele.

Fixei os olhos, curioso. Sempre fui fascinado por esses sofisticados aparelhos mágicos que ligam e desligam ao toque de um botão.

Imediatamente a tela iluminou-se e um rico salão apareceu. Um homem luxuosamente vestido, com papel na mão, decorava versos de grande beleza com alguma dificuldade. Sem esforço reconheci meu amigo poeta. Só que mais arrogante, com as mãos cheias de anéis, roupas do século 19. Era visível sua falta de jeito, e causou-me desagradável impressão ouvi-lo. Foi quando um jovem de figura nobre e simples, de rosto imberbe e puro, acercou-se dele com delicadeza, dizendo:

— Isso não é assim, há que dar mais inflexão, veja.

Repetiu os versos com maestria e delicadeza. Com paciência enorme, ele foi ensinando o rico senhor a dizer os versos, enquanto o outro, frente ao espelho, copiava-lhe as inflexões e os gestos.

— Agora está melhor — disse o jovem com humildade.

— Pois que esteja mesmo. Porque se na festa de hoje não me aplaudirem, arranco-te a língua.

O outro abaixou a cabeça com tristeza. A surpresa me emudeceu. Não sabia o que dizer. O orientador desligou a tela.

— O que acha?

— Era um canastrão! — comentei, envergonhado, dando-me conta de que eu também fizera o papel do amigo caçador de talentos iludido e inexperiente.

— Não compreendo — continuei admirado. — Como pode hoje dizer aqueles versos tão bem? — Aprendeu a dizê-los decorando cada um. Jamais conseguiu escrever uma linha sequer. O jovem servo, filho de uma escrava que trabalhava para pagar dívidas insolúveis da família, era o grande poeta. Espírito de um gênio, temporariamente aprendendo a lição da humildade como servo, não se furtava ao prazer de criar com a beleza de sua arte. O José, contudo, descobrindo o talento do jovem, obrigou-o a ensiná-lo a declamar e apresentava-se por toda parte como autor, arrancando aplausos da corte, mais pela beleza dos versos do que pela sua criação. Acostumou-se à glória dos aplausos, ao amor das mulheres encantadas com a obra poética, às lisonjas e ao papel que indevidamente assumiu. Agora, recusa-se a reencarnar porquanto deseja continuar a exercer o mesmo papel, enganando a si mesmo e fugindo à realidade.

Fiquei sem jeito. Portara-me qual inquieto descobridor de talentos escondidos, sem ter condições de julgar ou resolver. Mais uma vez fui o homem terreno, habituado a colocar valores nos outros, segundo meus critérios tão pobres. Arrependi-me, naquele instante, de ter tomado tempo precioso de um amigo tão ocupado e por certo imbuído de fazer coisas muito mais importantes do que esclarecer meu inquieto espírito curioso. Foi com sinceridade que aduzi:

— Acho que me precipitei. Já deveria saber que aqui há meios mais seguros de ajuizar os méritos e necessidades de cada um. Sou impulsivo. Fi-lo perder tempo em dar-me explicações que eu não tinha nenhum direito de pedir.

Meu amigo sorriu:

— O tempo só deve ser contado nesses momentos em que vivemos uma experiência. Em geral, os canastrões, como você os chama, existem por toda parte, e sem dúvida são todos aqueles que desejam, mas não querem trabalhar para conseguir, contentam-se em parecer sem procurar ser, querem os louros sem os méritos do trabalho e do esforço próprios. O artista, seja em qual campo for — e isso abrange o campo de todas as profissões e situações —, é aquele que luta sem esmorecimentos para melhorar suas potencialidades e, de posse de grande experiência em determinado setor, desenvolve, quase sempre em vidas sucessivas de laborioso esforço, grande sensibilidade para assimilar uma parcela da vida maior. Expressa essa conquista de forma particular e própria, mostrando sua experiência ao resto da humanidade. Às vezes, ele caminha tanto que os homens somente anos mais tarde conseguem entendê-lo.

Fiquei extasiado. Será que um dia eu deixarei de ser a imitação da arte profunda dos grandes gênios e poderei tornar-me eu mesmo um médium dos artistas divinos?

Sonhar é um direito meu, não acham?

E o meu amigo orientador encheu meu coração de esperança quando disse que poderemos tentar, com trabalho e perseverança, para conseguir. Se deixarem, eu acho que vou tentar. Não só para conseguir ouvir de novo os aplausos nas ribaltas da Terra, mas desta vez, quem sabe, para penetrar, circunspecto e sério, reverente e humilde, decidido e perseverante, na arte divina das belezas de Deus, de suas perfeitas leis e na sabedoria de viver.

Não acham que um dia eu conseguirei?

A Surdez

A surdez é uma anomalia que se expressa de várias formas. Há os que não ouvem quando convém, há os que ouvem só o que lhes interessa, há os que ouvem como lhes agrada, interpretando a seu modo, há os que ouvem com a imaginação e chegam a jurar que ouviram mesmo. Porém, de todas essas formas de ilusões, a mais perigosa e a mais comum é aquela na qual os ouvidos registram os acontecimentos, a boca repete as palavras com grande realismo, mas fica nisso, como se o homem fosse um robô, a registrar suas informações e não sentisse, ou não pudesse compreender.

É... a surdez de vez em quando é até providencial. De tanto se ligar a ruídos perigosos, alguns homens acabam ouvindo tanto e tão desequilibradamente que se tornam surdos à voz da natureza que nos deve guiar e conduzir.

Mas a surdez é um mal. Vocês concordam? Ou será um bem? Afinal, pelas inúmeras versões do bem e do mal, muitas vezes o homem acaba entrando em tantas digressões que se perde no emaranhado de suas próprias conjeturas e, o que é pior, acaba criando teorias de tal sorte complicadas e inúteis que nem ele mesmo consegue entender. Mas o saber ouvir é realmente difícil. Calar a nossa voz, não dar ouvidos aos nossos interesses pessoais e procurar registrar o que se passa ao nosso redor com realismo e atenção não é fácil.

Vocês já repararam que duas pessoas podem estar conversando, mantendo um diálogo, mas uma surda ao que o outro quer dizer?

Será por isso que há tanto ruído na comunicação e os homens ainda não conseguiram se entender? Afinal, com um pouco de boa vontade, quem sabe, talvez se pudesse acabar com as guerras e com as lutas de violência.

E o mais curioso é que nem sempre o que fala mais alto é mais ouvido. Qual será o segredo? Na verdade, quem descobri-lo estará fadado à realização de grandes coisas.

No teatro, por exemplo, ser ouvido é por vezes muito difícil, principalmente se você falar de coisas sérias e chamar a atenção para os pontos importantes das necessidades humanas. Talvez seja por isso que eu tenha usado o humor para poder, num pequeno jogo matreiro, ser pelo menos escutado.

Na verdade, é raro aquele que não procura bajular a maioria vendendo-lhe douradas pílulas de ilusão e, por sua vez, narcotizando-se com os louros do aplauso caprichoso.

E o pior é que o escritor, o autor, no afã de agradar, acaba esquecendo sua própria verdade, nesse jogo fácil e tentador que é a aprovação dos outros.

Mas ouvir não é fácil. A crítica, o elogio ao outro, ideias que não esposamos, coisas que não queremos ver. Surdez voluntária, indiferença.

Será que alguém vai me ouvir?

Abraços do amigo,

Silveira Sampaio
São Paulo, 10/5/1980

Sucessos de ZIBIA GASPARETTO

Romances mediúnicos, crônicas e livros. Mais de 16 milhões de exemplares vendidos. Há mais de 20 anos, Zibia Gasparetto é uma das autoras nacionais que mais vendem livros.

Romances
Ditados pelo espírito Lucius
- O poder da escolha
- O encontro inesperado
- Só o amor consegue
- A vida sabe o que faz
- Se abrindo pra vida
- Vencendo o passado
- Onde está Teresa?
- O amanhã a Deus pertence
- Nada é por acaso
- Um amor de verdade
- Tudo valeu a pena
- Tudo tem seu preço
- Quando é preciso voltar
- Ninguém é de ninguém
- Quando chega a hora
- O advogado de Deus
- Sem medo de viver
- Pelas portas do coração - nova edição
- A verdade de cada um - nova edição
- Somos todos inocentes
- Quando a vida escolhe
- Espinhos do tempo
- O fio do destino
- Esmeralda - nova edição
- O matuto
- Laços eternos
- Entre o amor e a guerra
- O morro das ilusões
- O amor venceu

Crônicas mediúnicas
Espíritos diversos

- Voltas que a vida dá
- Pedaços do cotidiano
- Contos do dia a dia

Crônicas
Ditadas pelo espírito Silveira Sampaio

- Pare de sofrer
- O mundo em que eu vivo
- Bate-papo com o Além
- O repórter do outro mundo

Peças
Zibia Gasparetto no teatro

Coleção que reúne os romances de maior sucesso da autora adaptados para o palco e que promete dar vida às histórias.

- O advogado de Deus (adaptado por Alberto Centurião)
- O amor venceu (adaptado por Renato Modesto)
- Esmeralda (adaptado por Annamaria Dias)
- Laços eternos (adaptado por Annamaria Dias)
- O matuto (adaptado por Ewerton de Castro)
- Ninguém é de ninguém (adaptado por Sergio Lelys)

Outros livros
de Zibia Gasparetto

- Conversando Contigo!
- Eles continuam entre nós - volumes 1 e 2
- Reflexões diárias
- Pensamentos (com outros autores)
- Pensamentos - A vida responde às nossas atitudes
- Pensamentos - Inspirações que renovam a alma

Sucessos de LUIZ GASPARETTO

Estes livros vão mudar sua vida! Dentro de uma visão espiritualista moderna, vão ensiná-lo a produzir um padrão de vida superior ao que você tem, atraindo prosperidade, paz interior e aprendendo, acima de tudo, como é fácil ser feliz.

- Afirme e faça acontecer
- Revelação da luz e das sombras (com Lúcio Morigi)
- Atitude
- Faça dar certo
- Prosperidade profissional
- Conserto para uma alma só (poesias metafísicas)
- Para viver sem sofrer
- Se ligue em você (adulto) - nova edição

Série AMPLITUDE

- Você está onde se põe
- Você é seu carro
- A vida lhe trata como você se trata
- A coragem de se ver

Livros
Ditados pelo espírito Calunga

- Um dedinho de prosa
- Tudo pelo melhor
- Fique com a luz
- Verdades do espírito
- O melhor da vida

Livros infantis

- Se ligue em você – 1, 2, e 3
- A vaidade da Lolita

Sucessos de
SILVANA GASPARETTO

Obras de autoconhecimento voltada para o universo infantil. Textos que ajudam as crianças a aprenderem a identificar seus sentimentos mais profundos, tais como: tristeza, raiva, frustração, limitação, decepção, euforia etc., e naturalmente auxiliam no seu processo de autoestima positiva.

- Fada Consciência 1 e 2

OUTROS AUTORES
Nacionais

Conheça nossos lançamentos que oferecem a você as chaves para abrir as portas do sucesso, em todas as fases da sua vida.

Amadeu Ribeiro
- O amor nunca diz adeus
- A visita da verdade
- O amor não tem limites

Ana Cristina Vargas
Ditados por Layla e José Antônio
- Em busca de uma nova vida
- Em tempos de liberdade
- Encontrando a paz
- A morte é uma farsa
- Intensa como o mar
- O bispo

André Ariel Filho
- Surpresas da vida

Eduardo França
- A escolha
- Enfim, a felicidade
- A força do perdão

Ernani Fornari
- Fogo sagrado

Evaldo Ribeiro
- Eu creio em mim

Flávio Lopes
- A vida em duas cores
- Uma outra história de amor

Floriano Serra
- Nunca é tarde
- O mistério do reencontro

Getúlio Gomes
- Sai desse corpo que não te pertence

Irineu Gasparetto
- Presença de espírito (pelo espírito dr. Hans)

Leonardo Rásica
- Fantasmas do tempo
- Luzes do passado
- Sinais da espiritualidade

Liliane Moura Martins
- Viajando nas estrelas
- Projeção astral

Lousanne Arnoldi de Lucca
- Alfabetização afetiva

Lucimara Gallicia
Ditado por Moacyr
- Sem medo do amanhã
- O que faço de mim?

Lúcio Morigi
- O cientista de hoje

Marcelo Cezar
Ditados por Marco Aurélio
- Treze almas
- O que importa é o amor
- Ela só queria casar...
- O próximo passo
- A vida sempre vence - nova edição
- O amor é para os fortes
- Um sopro de ternura
- A última chance
- Para sempre comigo
- O preço da paz
- Você faz o amanhã
- Medo de amar - nova edição
- Nunca estamos sós
- Nada é como parece
- Só Deus sabe

Maria Aparecida Martins
- Mediunidade clínica
- A nova metafísica
- Conexão – "Uma nova visão de mediunidade"
- Mediunidade e autoestima

Mario Enzio
- O profissional zen
- O bom é ter senso

Mário Sabha Jr.
- Você ama ou fantasia tudo?

Maura de Albanesi
- A espiritualidade e você
- Coleção Tô a fim

Mônica de Castro
Ditados por Leonel
- Desejo - até onde ele pode te levar?
  - (pelos espíritos Daniela e Leonel)
- Apesar de tudo...
- Virando o jogo
- Jurema das matas
- Uma história de ontem - nova edição
- De frente com a verdade
- De todo o meu ser
- A atriz - edição revista e atualizada
- Gêmeas
- Só por amor
- Lembranças que o vento traz
- Giselle – a amante do inquisidor - nova edição
- Segredos da alma
- Greta - nova edição
- O preço de ser diferente
- Até que a vida os separe
- Com o amor não se brinca
- Sentindo na própria pele

Rose Elizabeth Mello
- Desafiando o destino

Sérgio Chimatti
- Apesar de parecer... ele não está só
- Lado a lado
- Ecos do passado

Valcapelli
- Amor sem crise

Valcapelli e Gasparetto
- Metafísica da saúde - 4 volumes

OUTROS AUTORES
Internacionais

Arrisque-se ao novo e prepare-se para um surpreendente caminho de autodescoberta.

Bärbel e Manfred Mohr
- Sabedoria do coração

Bärbel Mohr
- Guia do verdadeiro milionário

Charles F. Haanel
- Psicologia nova

Christina Donnell
- Sonhos e transcendência

Catherine Ponder
- Abra sua mente para receber
- Leis dinâmicas da cura
- Segredos da cura de todos os tempos

Chris Griscom
- A evolução de Deus

Deepak Chopra e Kristina Tracy
- No caminho para uma vida feliz

Eli Davidson
- De derrotada a poderosa

Etan Boritzer
- Coleção "A descoberta" – 10 volumes

Gillian Heal
- O fantástico cachecol do vovô urso

Ian Stevenson
- Reencarnação: vinte casos
- Casos europeus de reencarnação
- Crianças que se lembram de vidas passadas
- Xenoglossia

Joachim Masannek
- Feras Futebol Clube – 13 volumes

John Parkin
- Dane-se!
- Dane-se! (ilustrado)

Joan Sotkin
- Desenvolva seus músculos financeiros

John Randolph Price
- O livro da abundância

Marc Allen
- O livro da realização
- Sucesso para um preguiçoso

Mathew McKay e Patrick Fanning
- Autoestima

Michael A. Singer
- Alma livre

Michael Newton
- Lembranças de outras vidas

Nikki de Carteret
- O poder da alma

Pauline Wallin
- Tire proveito dos seus impulsos

Peggy McColl
- A solução

Sandra Ingerman
- Resgate da alma
- Cure pensamentos tóxicos
- Jornada xamânica

Sankara Saranam
- Deus sem religião

Serge Kahili
- Xamã urbano

Tsultrim Allione
- Alimente seus deuses e demônios

Rua Agostinho Gomes, 2.312 – SP
55 11 3577-3200

grafica@vidaeconsciencia.com.br
www.vidaeconsciencia.com.br